约翰-科尔曼

# 关于共济会的一切

OMNIA VERITAS.

# 约翰-科尔曼

约翰-科尔曼（John Coleman）是一名英国作家，也是秘密情报局的前成员。科尔曼对罗马**俱**乐部、乔治-西尼基金会、福布斯全球2000强、宗教间和平座谈会、塔维斯托克研究所、黑人贵族和其他与新世界秩序主题接近的组织进行了各种分析。

**FREEMASONRY FROM A TO Z**

**Dr. John Coleman**

## 关于共济会的一切

*Freemasonry from A to Z*

译自英文，由Omnia Veritas有限公司出版

© Omnia Veritas Ltd - 2022

## OMNIA VERITAS®

**www.omnia-veritas.com**

共济会经常被描述为
"秘密社会"，但共济会自己认为，说它是一个神秘的社会更为正
**确，因**为有些方面是私人的。最常见的提法是，21世纪的共济会
已经不再是一个秘密社团，而是一个'秘密社会'。现代共济会的
私人方面是成员之间的承认方式和仪式的特定要素。例如，共济
会可能会问他们遇到的新来者 **"你是在广场上吗？ "**.

在美国这样一个开放的社会里，人们可能会问为什么要保密。描
述共济会是一项困难的任务。说它是世界上最大的兄弟会组织，
在美国有300多万会员，在英国有70万会员，在全世界有100多万
会员，而且它已经成为5万本书籍和小册子的主题，这仅仅是个
**开始**。

自1717年正式成立以来，共济会产生的仇恨和敌意比世界上任何
其他世俗组织都多。它一直是天主教会无情攻击的对象，摩门教
、救世军和卫理公会的男性成员被禁止加入。它在一些国家是被
禁止的。

反共济会的指控总是遇到困难，因为共济会拒绝对攻击作出回应
。令人**惊讶**的是，过去和现在有大量的世界领导人曾经和现在都
是共济会的成员：英国国王乔治六世、普鲁士的腓特烈大帝和挪
威国王哈康七世。美国历史上有很多领导人都是共济会员，如乔
治-华盛顿、安德鲁-杰克逊、詹姆斯-波尔克、西奥多-
罗斯福、富兰克林-罗斯福、哈里-杜鲁门、杰拉尔德-
福特和罗纳德-里根。

第二次世界大战由英国共济会领导人，如温斯顿-
丘吉尔和美国总统富兰克林-D-
罗斯福，以及美国军事领导人，如奥马尔-布拉德利、马克-
克拉克和乔治-
马歇尔领导。关于共济会在过去290年里对生活的各个方面的影
**响，几乎不可能知道从哪里开始或**结束的故事。本书试图将能够
相对容易地解释 **"什么是共济会 "**的内容汇集起来。

# 第一章

## 什么是 信仰主义？

对共济会的研究是取之不尽、用之不竭的，许多学术书籍和文章都是关于这个主题的；因此，我不打算在共济会的公路和公路上冒险，在仪式和符号的迷宫中迷失方向，因为这些话题在任何情况下都已经被支持和反对共济会的人在很大程度上涵盖了。

这项工作的目的是让你更广泛地了解什么是共济会，它代表什么，**它的宗旨和目标**，以及它在多大程度上朝着既定目标取得进展。出于这个原因，我将首先讨论推测性共济会，即共济会中涉及生与死、人类精神事务的那部分，然后再讨论那些控制它的人，并对操作性共济会进行简要解释。

**关于**仪式和典礼的细节，我参考了《皇家共济会百科全书》等共济会参考书目，或者有时称为《循环百科全书》。**关于共**济会最伟大的倡导者在哪里阐述他们的观点，特别是阿尔伯特-
派克和麦基博士，以及从共济会的劲敌所写的书籍和期刊中了解到的情况；如阿贝-巴鲁埃尔、约翰-
罗宾逊教授、埃克特、科宾-阿尔班塞利和阿瑟-
普鲁斯等人，这只是被共济会称为
"我们不可饶恕的敌人
"的几个有学问的人的例子。(奇怪的是，耶稣会使用的是完全相同的表述）。

共济会的起源已经被争论了150多年。据派克说。

> "......共济会的起源只有共济会员知道。

派克允许自己被视为理所当然。他的说法是为了欺骗不明真相的人，是共济会实施的相当典型的欺骗行为，就像落入魔术师的手中而不知道他是如何实现其幻觉的。

然而，共济会的起源是众所周知的；它既不是一个秘密，也不是一个谜团。但同样肯定的是，大多数从未超过四级的共济会员不知道这个社会的起源，而他们却如此奴颜婢膝地遵从这个社会的指令。

被公认为共济会成员和共济会官方发言人的麦基博士欣然承认了这一点。他的主要倡导者J.F. Gould证实，共济会员之间对其起源有很多分歧。这可以从他的《共济会的历史》一书中看出。当代研究表明，其起源于巴比伦和埃及的神秘主义，与黑魔法有**关**。

它是一**种宗教邪教，致力于**对路西法的崇拜。它是反基督教的，是革命的，尽管它的主人路西法是反叛上帝的象征，这种反叛已经持续了几千年了。

世界对共济会的了解归功于约翰-罗宾逊教授，他是共济会最杰出的成员之一，从共济会的队伍中叛逃出来，因此，共济会不能称他为骗子或无知者。罗宾逊教授在苏格兰爱丁堡的皇家学会任教。他的课题：人类哲学。罗宾逊深入参与秘密社团，主要是亚当-韦索普特的巴伐利亚光明会。

罗宾逊是一个33度的共济会会员，这意味着他已经达到了苏格兰礼节共济会的顶峰。

1796年，罗宾逊发表了一篇文章，概述了光照会的目标，证明了光照会与共济会非常接近。事实上，共济会是用来传播光照会的革命学说的工具，从法国开始。

罗宾逊已经毫无疑问地证明，光明会和共济会的目标是摧毁所有的宗教和政府，从地球上消灭基督教，并以路西法派的邪教取代它。

共济会所承诺的世界新秩序是一个专制的、路西法尼亚式的世界秩序，在一个世界政府内。一套关于即将到来的革命的完整计划落入了巴伐利亚政府的手中，该政府深感震惊，于是向欧洲所有政府和国家元首发送了副本，但其警告信息却被完全忽视。

魏索普特的文件给出了即将到来的法国大革命的所有细节。谢尔本伯爵是共济会的忠实信徒，他教导和训练丹东和马拉（法国大革命的激进领导人），并从英国指挥 "法国 "革命的**每一个**阶段。

# 第二章

## 砖石的起源

巴比伦诺斯替主义是共济会的母亲，这就是为什么字母 "G "会出现在共济会五角星的中心。

尽管共济会的捍卫者们愤怒地否认，但来自共济会最高层的一位同样重要的共济会权威埃利法斯-利维说，著名的
"G"代表诺斯替主义。在他的《高级魔法的教条和仪式》一书中，第二卷第97页，莱维说。

> 共济会员将
> "G"放在火焰之星的中间，象征着诺斯替主义和生成，这是古代卡巴拉最神圣的词汇。

根据《宗教百科全书》，卡巴拉是一种古老的犹太神秘主义，而埃德森修士是卡巴拉的权威。正如我之前所说，我不想谈细节，但有必要非常简要地确定卡巴拉是什么。

为此，我权威性地引用艾德森弟兄的话。

> 不可否认的是，即使在耶稣基督的时代，也有一系列的教义和猜测被小心翼翼地隐藏起来，不为人知。它们甚至没有透露给普通学者（如高级教义和普通共济会员的情况），以免他们被卷入异端思想。

这种体裁被称为卡巴拉；正如这个词所暗示的那样（即接受和传播），它代表了从最早的时代流传下来的精神过渡，尽管在时间过程中掺杂了不纯的或外来的因素。

这是同一个古人的传统，耶稣基督以最强烈的措辞完全谴责了这个传统，这在四本福音书中都有记录，是他在世时的话语记录。

从以上可以看出，共济会是来自于一个与基督的事工完全对立的宗教。因此，尽管共济会极力否认，但它的教导和精神是反基督教的。如上所述，另一些人坚决反对共济会，他们甚至走得更远。一位泥瓦匠的权威，Copin-Albancelli，曾说过。

> 共济会是反教会，是反天主教，是异端的教会。

他引用了几个著名的共济会资料来支持他的说法，例如Copin-Albancelli, *Bulletin du Grand Orient de France*, September 1885, 他说。

> 我们共济会必须追求彻底拆毁天主教堂。

我有幸能够在伦敦的大英博物馆搜索共济会的文件，看看这个声明和后面的其他声明是否已经被撤回或收回。但在五年的深入研究中，我无法发现任何共济会的出版物含有撤回其对天主教会的破坏性意图的内容。

科宾-阿尔班塞利引用的另一个例子是大东方会（欧洲共济

会）最高委员会的备忘录，其中指出："大东方会的最高委员会。

> 天主教和共济会之间的斗争是一场没有休战和退路的生死之战。

这一声明从未被收回。

Copin-Albancelli继续举出其他例子，并引用了1902年Delpek修士在夏至宴会上的讲话作为资料来源，他说，除其他事项外。

> 伽利略人的胜利持续了20个世纪。建立在伽利略神话（指耶稣基督）基础上的罗马天主教会，自共济会成立以来就**开始迅速衰落？从政治的角度来看，共济会**员经常有不同的表现。但共济会一直坚定地坚持这一原则：向所有的迷信宣战，向所有的狂热宣战!

上述信息的真实性毋庸置疑，它使共济会和共济会成为反基督者和反基督教者，以最轻蔑的方式将其教义斥为加利利神话和迷信。他们压抑的仇恨和毒液主要针对天主教会，但有人说天主教徒不是基督徒。相信我，如果这是真的，共济会就不会把99%的时间和精力用于摧毁天主教会。为什么共济会要浪费这么多宝贵的时间和精力？让我们在这些问题上保持逻辑性。

上述情况应使人们对共济会高层的立场没有疑问。它还清楚地表明，尽管共济会经常提出相反的抗议，但它还是参与了政治活动。如果我们总结一下从上述陈述中得出的结论，我们只能得出一个判断。共济会本质上是一个虚假的、欺骗性的和误导性的秘密社团，它的大多数成员是被宴会、社交聚会、善举、善意和慈善团契的浪潮带入其中。共济会的险恶性质对其广大成员，也就是对那些没有超过蓝色或第四级的成员完全隐藏。

根据学识渊博的共济会高级学者多姆-伯努瓦（Dom Benoit）的说法，共济会是一个魔鬼教派，连共济会成员都承认他对他们的秘密推测神谕有很深的了解。描述了25级，（青铜蛇骑士）的入会仪式，入会者发誓要为人类返回伊甸园而努力。大师提到蛇是人类的朋友，而我们的上帝--
共济会员称其为Adonai或Adonay--
被列为人类的敌人。

本尼迪克特说，在20
度中，对路西法尼亚崇拜的推论甚至更加积极地陈述，因为主持者对入会者说。

以路西法的**圣名**，**赶走蒙昧主**义。

蒙昧主义是少数几个关键词之一，当不是共济会员的人在他面前提到这个词时，任何四级以上的共济会员都会口吐白沫，因此不应该知道这个词和它的含义。

正如我之前所说，许多自称是基督徒的共济会员
"一旦**你知道了**这些奥秘，还能有任何怀疑的余地吗，共济会是对路西法的崇拜和对基督的诋毁。"

本尼迪克特对共济会有另一个更严厉的指控，他说："这是对共济会的指控。

谁能如此轻信地认为，在这么多严肃和不断的断言之后，共济会尊重所有的宗教，对宗教的关注和对天主教会的仇恨只存在于某些共济会的学位中，在这些学位中，基督被说成是一个堕落的天使。我见过其中一个大联盟的徽章，那是一个印有被匕首刺穿的主人形象的**圣杯**，**另一个是倒立着十字架的世界**，还有一个是带有 "Cor Ex Secranrum "箴言的耶稣之心。

在阿尔伯特-
派克的《改革派选民的路西法仪式》（Palladium Luciferian Rites for the Reformed Chosen）中的一段话中，本尼迪克特指出，入会者被指示
"惩罚叛徒耶稣基督，在确保是圣餐的主机后刺死阿多奈，同时念出可怕的亵渎之词。"

派克生于1809年，卒于1891年。他的《道德与教条》一书证实了他对撒旦的崇拜和他对新世界秩序的信仰。他不屑于任何不是具有民主原则的有限共和制政府的政治制度。根据派克的说法，政治权力、财富、健康和长寿要通过对路西法的崇拜来获得。

这本书非常支持同性恋，封面是一只双头鹰。很明显，该书的中心主题是摧毁道德和家庭。该书谴责《圣经》中的道德和作为文明基石的家庭。

现在，我知道有一些人，甚至是资深共济会员，会说"......我们一辈子都是共济会员，从未见过这样的仪式"。当然不是!这是共济会的标准程序；只有被选中的人才能进入这些仪式。如果你没有通过25度，**你就不知道**这些卑鄙的反基督仪式！让我警告你

，任何试图让本尼迪克特的主张得到共济会高层的确认，都将意味着你作为共济会成员的日子不多了。此后**你将成**为一个被标记的人，不被信任。

引用**另一位公认**的权威Stroether修士的话，他从未受到共济会的挑战，只因为他是他们自己人，来自他们的内部理事会，这个人使用的话语已经重新困扰着共济会。

> 共济会作为一个反宗教组织存在于法国、西班牙、葡萄牙和南美，近年来，它已经转变为一种反面教派，毫不掩饰对启示宗教的仇恨。

斯特罗瑟弟兄是选民协会的成员，是来自美国肯塔基州路易斯维尔的高阶共济会会员。我请一些高级共济会员对Stroether的话进行评论。无一例外，他们要么表示不知道斯特罗瑟弟兄的身份，要么否认他说过任何类似的话。一位特别愤慨的共济会员，即北卡罗来纳州警察局的上校，告诉我："这种评论是反共济会的病态心理的产物。

但当我用他自己的共济会成员的话来对抗他时，他警告我，我最好**离开共**济会。让他感到不安的是臭名昭著的保罗-拉法格（1842-1911）在1866年比利时布鲁塞尔举行的大东方共济会国际大会上说的那些话。

> 向上帝宣战!对上帝的憎恨!在进步中，人们必须粉碎天堂，就像粉碎一张纸一样。

在同一次会议上，一位名叫兰斯曼的著名共济会员重

**复了**1880年使用的词语，即

> 我们必须粉碎卑鄙，但这个卑鄙不是教权主义，这个卑鄙是上帝。

# 第三章

## 历史上的敌人

我勤奋地搜索了这些摘录的文件，以确认其准确性。此外，我以同样的谨慎，在伦敦大英博物馆的共济会记录中寻找高级共济会员对这些亵渎行为的收回或否定；但我的搜索没有带来任何证据表明这些话不是一般的共济会信条，也没有发现它们已经被删除。

一位备受尊敬的共济会领导人证实了迄今为止所说的一切，包括共济会的反基督性质，他就是其大祭司阿尔伯特-派克，新钯改革仪式的共同创始人和美国共济会的最高宗师。阿尔伯特-派克和埃德加-爱伦-坡有很多共同点。**两人都于**1809年在波士顿出生。两人都是作家和诗人，都是鸦片上瘾者，也都是33个 度的共济会会员和路西法尔人。

在《天主教百科全书》中，我们读到阿尔伯特-派克和**另一位重要的高**级共济会员阿德里亚诺-莱米一起密谋伤害意大利的基督教。派克给莱米的信如下。

意大利的教会影**响必**须在短时间内被摧毁，那里必须遵守反对宗教聚会的法律。而（那）学校呢？那里仍然提供天主教教育。让人们通过住宿的方式进行抗议。

换句话说，利用共济会的会所来制造对天主教学校的
"抗议"。

约翰-罗宾逊教授花了很多年时间仔细研究阿贝-
巴鲁尔提出的共济会的论述。

罗宾逊指出。

> 巴鲁尔证实了我所说的关于光照派的一切，他正确地
> 称之为哲学派，以及共济会在法国的滥用情况。

这无疑表明，在普鲁士国王腓特烈二世的协助下，伏
尔泰、达朗贝尔和狄德罗形成了一个正式和系统的反
宗教阴谋，并热衷于此。我看到，他们的原则和行动
方式与德国无神论者和无政府主义者的原则和行动方
式相同....。但他们最喜欢的项目是摧毁基督教和所有
宗教，并实现政府的彻底改变。

罗宾逊在讨论共济会在法国大革命中所扮演的无疑是
**至关重要的角色**，这一点被阿贝-
巴鲁尔以最精确和无可争议的方式揭示出来。如果这
对怀疑论者来说还不够，那就让他们转向共济会最重
要的
"密码"。其中一个是基于该隐，基督在《马太福音》
第23章中谴责该隐是一个杀预言家。口令　　"图巴尔-
该隐　"是对该隐非常明确的指称。另一个　　　"密语
"是INRI, "Igne　　Natura　　Renovatur　　Integra"--
"所有的自然都被火更新"，它被用来描述拿撒勒人耶
稣。初学者应该　　　　　　　　　　　　　　"发现

"这意味着什么，这让人了解到共济会所从事的仪式的幼稚性。

然后，本会会长表示。

> 我亲爱的弟兄们，这句话被发现了，所有在场的人都为这一发现喝彩，他的死亡成就了基督教，他不过是一个普通的犹太人，因为他的罪行而被钉在十字架上。候选人必须在福音书和人子身上为耶和华的教主的兄弟**关系**报仇。

这段引文摘自阿贝-巴鲁尔的作品，涉及玫瑰十字会的18个度。Rosicrucians是共济会员，他们创立了英国共济会。然而，可以说，绝大多数英国共济会员从未超过第四等级，并极力否认上述情况的存在。事实上，许多英国共济会员宣称，他们是虔诚的基督徒，绝不会参与亵渎基督或他的教会的行为！他们的行为是对的。对大多数成员来说，共济会不过是第一和第四等级的**重复**。难怪这么多人在这个阶段就放弃了，不再尝试进一步发展。根据非常支持共济会的麦基博士的说法，他是共济会的权威。

......这些是解释，《高阶》是评论。

有些人说，如果共济会如此糟糕，那么为什么那么多英国**圣公会成员**，甚至一些教皇都是共济会成员？我同意英国**圣公会的数千名**领导人可能是共济会员，但这些人不是基督徒；他们是路西法的秘密代理人，是教会中的潜伏者，他们的职能是破坏教会！他们的工作是为教会服务。我们能说 "一些教皇是共济会员

"吗？虽然有强烈的怀疑，至少有三位教皇可能是共济会员，但这是无法证明的。怀疑并不是证据。在德国的共济会员中开始了一个虚假的谣言，说教皇庇护十一世是个共济会员，这个谣言很快就传到了费城。反共济会的主要权威之一埃克特告诉我们，这样做是为了避免对这一说法进行后续调查，这在欧洲比在美国更容易推广。尽管如此，约翰-吉尔马-谢还是对这一说法进行了仔细的调查，他曾就教皇庇护十一世的生活写过大量的文章。

Shea的研究证明，庇护十一世从未是费城俱乐部的成员。事实上，在费城从来没有这样的小屋存在过。另一位著名的共济会真相研究者普劳斯证实，这个阴谋不过是企图抹黑教皇庇护十一世和整个天主教会。

为了回答经常被问到的问题："什么是共济会？"我只能引用伟大的共济会学者和历史学家Abbé Barruel的话......这是一种最恶毒的邪恶，最高教皇阿尔伯特-派克证实了这一观点，他说："我的观点是：。

> 蓝色学位不过是圣殿门户的外门。收到的一些符号是相同的，但行者却故意被错误的解释所误导。

> 这不是要他理解它们，而是要他想象自己能理解它们。它们的真正解释是保留给入会者，即共济会的王子。

这些话出现在保存在大英博物馆神龛中的关于派克的文件中，如果它们没有在此期间被删除的话，就像许多文件最终成为共济会调查人员的参考资料时那样。一个故意欺骗自己成员的社会一定有什么"恶毒的问题"。前面已经引用过的共济会历史学家Cop

in-
Albancelli指出，共济会是一股由神秘主义者指挥的力量，被用来作为反对基督教的敲门砖。

# 第四章

## 教皇格雷瓜尔十六世的通谕Mirari Vos

在这份通谕中，教皇格雷戈里下令，共济会是……。

> ……在**异端邪**说和最犯罪的教派中，所有最神圣、最亵渎和最可耻的东西都汇集到共济会的秘密组织中，就像在一个普遍的下水道中。

难怪当人们说                    "天主教徒不是基督徒"时，我感到很困惑。让我看看哪里说过新教领袖曾像天主教会那样强烈反对共济会。我至今还没有找到一个。

这可能有助于解释弗拉基米尔-列**宁是共**济会员的事实。普鲁斯说，列宁兄弟属于瑞士的一个秘密会所，他的真名是乌里扬诺夫-泽德鲍姆，他从那里努力推翻基督教俄国，我可以补充说，他的努力是成功的，这要感谢圆桌共济会、帕默斯顿勋爵、米尔纳勋爵和33级英国共济会的大量帮助                    。而瑞士政府却称这个大魔王为"知识分子"。当**你考**虑到几个世纪以来，共济会的故乡一直是瑞士，这就说得通了。"兄弟会"在列**宁的案例中表明**，**共**济会员团结一致，特别是在以摧毁基督教为目的的事业中，如东正教俄罗斯的情况。

英国共济会从对俄罗斯的掠夺中赚取了数十亿美元，这当然是一个额外的好处。真正的满足在于推翻了沙皇政权和对基督徒的大规模屠杀（经认证为6000万），这成为西班牙内战（1936年7月至1939年6月）中的一个效**仿模式**。**我指的是**1939年6月，因为在那个月里，佛朗哥在马德里的街道上凯旋而归，为上帝和国家粉碎了共产主义共济会在他的国家的路西法尼亚势力。

我还没有提到的一位著名的权威人士是马吉奥塔，他被纳入了 "钯金仪式"，并成为"共济会的王子"。马尔乔塔指出，派克要求将共济会之神称为路西法，这与他的共济会兄弟阿德里亚诺-莱米的愿望大相径庭，后者希望将共济会之神称为撒旦。

阿尔伯特-麦基声称，共济会在这里建立了一个新的世界性宗教。出版物《事业》指出，共济会必须无视每个国家的所有法律和权威，这与路西法的反叛革命本性完全一致，他反叛了上帝的法律和权威。因此，可以说，从其本身的表白来看，共济会是一种革命力量，是为了推翻地球上的现有秩序而存在的，就像它的主人路西法试图推翻宇宙的现有秩序一样！这就是共济会。共济会是一个准军事组织，正如其具有军事性质的等级和标志所充分证实的那样。

埃克特和伯努瓦都坚持认为，共济会的真正权威，即最高指令，完全是神秘的，这就解释了为什么隐藏的最高指令隐藏在大量的符号和仪式后面，在达到共济会的最高等级之前，不得发现。竭力向普通成员隐瞒这些秘密领导人的身份（甚至是改名），其方式类似于俄国布尔什维克使用的方式。（布尔什维克的改名就是这么来的吗？）

19 苏格兰礼教共济会的学位规定。

> 向耶稣基督的十字架开战。采用路西法的火与肉的崇拜。

这些卑鄙的话语是本尼迪克特的《共济会》中提供的部分证据，这是那些寻求了解共济会真正目的的人可以得到的**关于共**济会的最出色的描述。

三个字让33名 度的共济会员陷入愤怒。

> 天主教、蒙昧主义和教士主义。

第二个词只是共济会的一个词，他们喜欢用这个词来描述基督的教义。

这句话显然有双重含义，在非共济会员使用时才会激发出它的愤怒，因为非共济会员应该无视这种话，而共济会员讨厌被揭穿。共济会是一个虚假的兄弟会，因为它故意将穷人和那些没有机会获得政治权力的人排除在外，并故意欺骗其低阶成员。

# 第五章

## 埃克特提出了一个相关的问题

埃克特提出了这个相关的问题。

为什么骑士团将没有政治或经济价值的穷人排除在外？一个**众所周知的事**实是，共济会本身并不否认，它只招收那些在商业或政治领域取得成就的人。事实是，在欢迎新人加入兄弟会时，钱是激励的力量。

这种公然的虚伪应该成为对所有被邀请参加所在地区的共济会寺庙之一的社交聚会的人的警告。这是该组织认为可以从中获得经济利益的人进行招募的通常方式。泥瓦匠问                "你在广场上吗"，这意味着"**你是泥瓦匠**吗？".通过秘密握手，提问者非常清楚地知道，他所接触的人不是共济会员，而是他认为有可能成为他的会所成员的人！这就是为什么他的会所会被称为"共济会"。

处理学位和仪式需要一本自己的书，因为有数以百计的仪式，其中许多接近于幼稚的仪式。

有许多专门讨论这些仪式的好书，读起来很乏味。根据《共济会圣经》、《*共济会百科全书*》以及W.L.Wilmhurst撰写的较新作品《*共济会的意义*》，主要仪式如下。

- ❖ 古老而公认的苏格兰礼节
- ❖ 希罗底仪式
- ❖ 古老的苏格兰改革派礼节
- ❖ 东方大礼堂（法国大礼堂是其一部分）
- ❖ 苏格兰哲学礼节（在瑞士广泛使用）。
- ❖ 电子礼节（在德国广泛使用）。
- ❖ 米兹莱姆仪式（古埃及仪式）
- ❖ 琼瑶派的仪式

值得注意的是，普世共济会的总部在瑞士的日内瓦，名称是国际共济会协会。历史表明，瑞士一直是革命者的避难所。

第二个 "分支办公室"位于洛桑，特别保密。阿斯科纳是诺斯蒂撒旦主义、共济会和共产主义的故乡。请记住，共济会员是革命者，他们被教导要反叛所有现有的政府，瑞士共济会员也不例外地遵守这一共济会的禁令。

伯努瓦在谈到共济会的仪式时说。

......它们冗长、乏味、过分幼稚。

为了不让他们的幼稚废话被 "外人"发现，在小屋会议开始之前，它被"覆盖"，这是共济会使用的一个术语，以确保没有外人或入侵者在场观察和报告会议进程。

埃克特和科平以各**种方式描述**这些行为，并使用"难以置信的小丑行为"一词来描述它们。科平说，所有这些滑稽动作的目的，**涉及外人不知道的秘密密**码，以及据称是被谋杀的所罗门圣殿的建造者希拉姆（Hiram Abiff，推罗国王），是为了欺骗世俗当局，使其相信共济会是一个致力于宴会、为穷人筹款和普遍为社会做好事的仁慈社团！这是不可能的。科宾说，在中厅的仪式中，主人从不进入，成员们必须 "像学生一样"行走和反击。

埃克特继续说。

> ......我们把这种仪式看作是一种戏剧性的表现，严肃得不能再严肃，牵强得不能再牵强。

尽管如此，它是严重的。其目的是剔除那些迅速显示出他们没有意愿超越这一点的成员，即那些一味遵循仪式的人。当然，希拉里是核心人物。对他们来说，他们所要攀登的阶梯并不是将他们引向更多的愚蠢，而是引向共济会中更高更值得信赖的位置。有趣的是，我们注意到一些爱好者也许有一天会向往的称号。

- ❖    5 度。完美的主人
- ❖    11 度：阿麦斯王子十二人中的崇高选民
- ❖    16 度：耶路撒冷的王子
- ❖    19 Degree: The Great Pontiff
- ❖    28 度：太阳骑士或精明的王子
- ❖    31 度：大检查官指挥官
- ❖    32 Degree: 崇高的皇家秘密王子
- ❖    33 Degree: The Supreme Pontiff of Universal Masonry

我对希罗底的仪式特别感兴趣。为什么会有人愿意崇拜像希律王这样的杀人犯呢？当玛吉人给他带来基督诞生的惊人消息时，他杀死了成千上万的新生婴儿。我能想到的唯一原因是，希律王试图谋杀基督的孩子，而共济会是一个反基督的组织。

但对那些达到33级的共济会王子来说，才是揭示了共济会的真实面貌。阿德里亚诺-莱米（Adriano Lemmi），这样一位王子，在他给马尔乔塔的信中对家庭和教会的仇恨的爆发中揭示了这一点。

是的，是的，地狱之王的标准正在行进中……今天必须比以往任何时候都更有活力和公开地战斗，反对教廷反动的所有装置。

那些奴颜婢膝地进行共济会的幼稚游戏，并严格遵守所有的仪式命令而不遗漏任何东西的人被称为"光明共济会员"，这比所谓的 "刀叉共济会员"高**两**级，他们只为共济会员享受的许多宴会而活着，而那些没有资格获得更高学位的人则被称为"生锈的共济会员"。本尼迪克特说，后者也被称为"鹦鹉共济会"，因为他们知道课程，但不知道其含义。团契里绝对没有平等，这掩盖了共济会的抗议，即所有人都是平等的，"自由、平等和博爱"是共济会建立的基石。

派克写道，对路西法的崇拜只有达到最后程度的人才知道。津巴布韦的叛徒克里斯托弗-索姆斯勋爵就是这样一个人，前北约秘书长卡林顿勋爵也是如此。(美国国会有许多人赞同索姆斯勋爵和卡林顿勋爵的观点）。我很快就想到了一个人，那就是参议员特伦特-洛特（Trent Lott），他是33个 degree Mason）。科宾、伯努瓦和埃克特都提醒我们，我前面解释过的密码INRI是一个反基督的词。我想知道洛特参议员和其他像他一样宣称信奉基督教的人如何能将此与他们的良知相协调。

**什么是路西法派邪教？**我们需要清楚这一点，以便理解派克的钯金仪式，以及共济会的王子们在自称是基督徒的情况下实际遵循的东西，如英国圣公会等级制度的许多成员、欧洲的贵族们，更不用说美国东海岸的自由派和许多国会议员了！我们需要明确这一点。正如阿尔伯特-
派克所解释的那样，路西法邪教是一种信条，教导人们路西法是被置于上帝右手边的三个天使中最聪明的一个，是具有超强智慧和能力的超级生命。他的力量是如此之大，以至于他能够藐视上帝并接管宇宙。

随后与上帝的战士天使圣米迦勒（共济会员认为他是路西法的兄弟）进行了一场强大的战斗，他击败了路西法，将他从上帝的面前赶走。

耶稣基督在福音书中提到了它。路西法被放逐到地狱，这被描述为宇宙中一个真实的地方。路西法带着许多天国等级制度的主要天使，准备与他一起叛变。根据路西法的信条，上帝给了这些天使另一个悔改的机会，因为他认为他们被欺骗的主人路西法欺骗了。

正是为了这个目的，上帝创造了我们的星球，那些被欺骗而没有公开反叛的天使被赋予上帝形象的身体，并被允许居住在地球上。这些生命充满了上帝的气息、精神和光芒，并被上帝赋予了圣洁。他们与普通人

没有什么不同，只是他们对自己在天堂的前世一无所知。但他们从他的话语中得到灵感，支持他们的计划，并保留了自由意志。他们的头脑被用来决定灵感来自何处，并将其转化为身体行为，这些行为总是要么是积极的，要么是消极的--
没有中间地带。这些行为被记录在《启示录》中提到的一本被称为生命之书的书中。

通过他们在物理领域的行动，这些天体的生命决定了他们自己的未来，即他们可以接受路西法的计划，或上帝治理宇宙的计划。可以说，这几乎与基督教圣经的教导一样，但又不尽然。

突然间，撒旦出现了，由路西法带来，作为世界的王子（注意，共济会也使用                           "王子"这个词）在创造世界的时候。撒旦的任务是让第一代父母背**离上帝，加入路西法，从而破坏他的**计划。

派克说，上帝与他的第一个儿子在伊甸园里散步，但没有指导他如何享受性的乐趣，因为他是一个嫉妒和自私的上帝。正如《钯金礼赞》下篇所教导的，上帝这样做是因为这种快乐属于他，在孩子们证明他们的顺从、正直和绝对诚实之前，是不可以分享的。只有这样，才会把它作为奖励给他们。

然后，派克说，撒旦自作主张，在路西法的授意下，向夏娃介绍了性爱的乐趣，而上帝为生育保留了这种乐趣，他只是把这种乐趣推迟到第一代父母准备好之后。撒旦告诉夏娃，她会像亚当一样，在权力上与上帝平等，而且**她永**远不必经历死亡。撒旦向夏娃介绍了我们喜欢称之为                           "肉体知识

"的东西，这个词完全是误导。

因此，引入了路西法的自由爱情和自由性行为的理想，而不是基于在地球上建立神的国度的精神愿望，在一男一女的婚姻范围内为生儿育女的神圣计划。

派克对黑弥撒的解释说明了夏娃是如何被腐蚀的，性不再是个人的、私密的肉体和精神之爱的行为，而是变成了向所有人开放的性的公开展示，这就是今天巫术的本质。可以说，鉴于今天地球上性领域的普遍状况，撒旦正在赢得这场战斗，尽管是暂时的，直到他被耶稣基督彻底击败。因此，共济会所宣称的对基督的憎恨是不间断的。

# 第六章

## 基督教圣经在共济会寺庙中的使用

普鲁斯和《天主教百科全书》证实了共济会寺庙中使用圣经和十字架的情况。许多低阶共济会员对不时提出的关于共济会是路西法派邪教的说法提出质疑。他们说："既然我们展示了圣经和十字架，这怎么可能呢？".这是共济会的欺骗计划的一部分。圣经只是在那里被嘲笑的高阶，十字架也是如此，它实际上被践踏在脚下，而对它说出了最卑鄙的脏话。

埃克特证实，十字架和《圣经》被曝光，使它们降到了其他宗教                     "书籍"的水平，没有什么重要性。在苏格兰仪式的30度中，入门者必须践踏十字架，而卡多什骑士告诉他："践踏这个迷信的形象！"。碾碎它!"如果入门者不这样做，他就会得到掌声，但30度的秘密不会传给他。如果他践踏十字架，他就会被接收到卡多什骑士团，并被指示对代表教皇、迷信和国王的三个图像实施报复。

著名的伯努瓦当局在其巨著《共济会》中给出了这一形象的描述。共济会希望推进路西法统治宇宙的愿望的事业。一些共济会员甚至到了被阉割的地步，认为路西法教义所允许的无节制的性行为，很可能干扰他们在地球上建立路西法王国的工作。匈牙利前领导人

亚诺什-

**卡德**尔为此阉割了自己。天主教会并没有走到这个极端，而是要求神父和修女独身，以便在他们为人类和基督服务时，性的压力无法发挥。派克虽然是最高教主，但他在1889年通过一系列                    "指示"接受命令，由马尔乔塔称之为

"世界共济会23个理事会的最高委员会"。

根据伦敦大英博物馆收藏的一些译本，说明如下。

> 对你，最高监察官，我们这样说，以便你可以向32个、31个                            、30个级别的兄弟重复。共济会的宗教，应该由我们所有高等级的入会者来维护路西法教义的纯洁。如果路西法不是上帝，阿多奈的事迹证明他对人的残忍和仇恨，他的野蛮和对科学的排斥，阿多奈和祭司们会诽谤他吗？是的，路西法是神，不幸的是阿多奈也是神。因为永恒的法则是：没有影子就没有光……因此，撒旦主义的学说是异端邪说，纯粹的、真正的哲学宗教是信仰路西法，与阿多奈平等，但路西法是光明之神和善神，为人类对抗阿多奈，黑暗和邪恶之神。

这就是共济会的真正宗教。

如上所述，共济会宗教的目的和目标导致了旨在推翻地球上神的王国的革命。推翻基督教俄国是反基督教势力的伟大胜利，他们在西班牙被佛朗哥将军击败是一个**灾**难性的打击，其中共济会也被击败了，佛朗哥永远不会被原谅。如果你认为这是一种微妙的联系，那就再想想：共济会在美国的政教分离计划正在撕裂美国，就像堕胎、被迫放弃学校祈祷、禁止基督徒将**复活**节、五旬节和圣诞节这些神圣的日子作为国家节

日进行适当的庆祝。(而不是像**异教徒那**样有复活节彩蛋和**圣**诞神父等）。

这些只是这一学说所承认的几个例子。共济会的压力是强大的压力!为了不让我们忘记，甚至我们中的一些人从来不知道，法国的共济会在全世界范围内断绝外**交关系后，呼吁与布**尔什维克政府重新建立联系，以抗议布尔什维克革命的暴力和血腥。共济会主席伍德罗-
威尔逊是第一个承认布尔什维克政府的人，尽管国会提出强烈抗议。泥瓦匠的力量是令人印象深刻的!

埃克特:

> 共济会组织了第一次世界大战；他们承认自己是世界上最凶残的叛乱分子和暗杀的使徒。

奥地利大公费迪南在萨拉热窝被暗杀，一般被历史学家认为是点燃欧洲第一次世界大战的导火索，这是一件共济会的事情。除埃克特外，许多权威人士也同意这一说法。从仪式的解释以及教团成员的世俗历史和忏悔中可以正确地得出结论，共济会是一个反对祭坛、政府和产权的阴谋，目的是在整个地球表面建立一个神权社会王国，其政治-
宗教政府将在耶路撒冷建立。实现这一目标的必不可少的条件是摧毁这三个障碍，即天主教会、国家政府和私有财产。

中间的反对意见基本上已经落空。几乎没有一个政府对共济会即使不欢迎，至少也是不加阻挠地予以容忍。我经常想，究竟是什么原因让政府中的这颗毒瘤克服了所有遏制其活动的努力。政府不能对历史视而不见，历史上有很多共济会背叛的例子。那么为什么这个邪恶的秘密社团，这个路西法的宗教，被允许在基督教国家内存在？为什么允许任何秘密社团的存在？我希望有比我更了解情况的人解决这个令我困惑的问题。

这可能是由于所有西方国家的政府完全被一个寄生的秘密政府所控制，比如我们在《300人委员会》一书中描述的那个政府，通过其外交关系委员会，[1]，该委员会的所有活动方面绝对是路西法的。除此之外，我们还有许多强大的宗教不是基督教，事实上，有一个主要的宗教是彻头彻尾的反基督教，在所有反基督教的活动中起着主导作用。

共济会将摧毁基督视为其宗教目标的一个基本目标，这当然与他们的政治抱负完全相关。美国仍将不得不为                     "宗教自由"付出代价，而这一代价很可能是我们所知的这个伟大的美国共和国以其目前的形式彻底毁灭。如果你向小偷敞开大门，你应该预料到你的房子会被破门而入！

共济会                     "所有宗教平等"的谎言已被多次揭穿，它是一个骗局，一个似是而非的谎言，但它值得重复：在共济会里没有宗教自由。除了路西法派，没有其他邪教被容忍，其他的都被诋毁。尤其是基督教，当共济会接管了这个世界上所有的世俗政府时，可以预期会对它发起极其凶猛的攻击

---

[1] 著名的CFR，NDT。

，这也是他们常说的目标。

自然，共济会不会在每个城市的屋顶上广播它的意图；事实上，正如我先前所说，其大多数成员完全不了解这些真相。

再次引用最高教皇阿尔伯特-派克的话。

> 共济会就像所有的宗教、神秘主义、密教和炼金术一样，对所有的人都隐藏了秘密，只有入会者、智者或选民除外，并使用虚假的解释和对其符号的解释来欺骗那些值得被欺骗的人，并对他们隐藏真理，也就是所谓的光明，使他们与真理分离。

这一非常坦率的声明，其真实性受到一些共济会员的质疑，但已被共济会最重要的权威之一普鲁斯核实，并载于伦敦大英博物馆中派克的文件中。对这句话的真实性绝对没有疑问。

# 第七章

## 欺骗的英国起源

英国人为这个世界提供了许多伟大的欺骗者。我想到了其中的一个。本杰明-迪斯雷利（Benjamin Disraeli）是其最伟大的首相之一，尽管在他被罗斯柴尔德家族几乎一贫如洗地收留之前，他的地位并没有提高多少。但这是我在《罗斯柴尔德王朝》一书中讲述的故事，这个故事只向极少数人披露。迪斯雷利被公认为是共济会的权威，在法国大革命结束后很久，他发表了以下声明。

> 推翻路易-
> 菲利普王位的不是议会，也不是人民，更不是事件的发展过程……王位是被秘密社团惊动的，他们总是准备蹂躏欧洲。

我知道这句话在过去已被多次引用，但我觉得值得把它写进这本书，只因为它在今天的重要性不亚于迪斯雷利在1852年说出这句话时。

不要搞错了，蹂躏法国和俄罗斯的力量已经准备好蹂躏美国了。你们不注意看看南非是如何被背叛和出卖给新世界秩序的吗？如果我们不小心，我们应该得到可能会降临到我们所有人身上的命运，除非我们能唤醒美国人民！"。我这样说是因为对美国秘密历史的研究暴露了共济会在这个国家事务中的致命和邪恶影响。林肯总统和加菲尔德总统都是被共济会员刺杀的。有许多毋庸置疑的消息来源表明，这些暗杀行动是由共济会准备和策划的，而且还不止于此。里根总统险些死在约翰-欣克利的手中。

苏格兰仪式共济会策划了许多阴谋，以暗杀那些令共济会权力尴尬的政治人物。欣克利首先咨询的精神病医生是一名共济会员。辛克利被安排执行暗杀行动，结果失败了。简而言之，欣克利和瑟汉-瑟汉一样被洗脑了。正如我在以前的出版物中所报告的那样，欣克利的精神病医生（后来在他的审判中作证）从共济会的苏格兰仪式中获得了大量的"赠款"。需要我说更多吗？

对于那些仍然认为共济会是一个慈善组织，致力于做好事的人，让我建议你读一读科宾-阿尔班塞利，一个严厉的批评者，以及路易-布朗，共济会的宠儿之一，对该组织的评价。在一个坦率的时刻，布兰克将共济会的欺骗性暴露无遗，让所有人看到。

> 由于普通共济会的三个等级将大量相反的人聚集在一起，因为社会推翻的地位和原则，创新者将这些等级乘以许多台阶来攀登神秘的阶梯，他们将高等级作为一个黑暗的避难所，其门户只有在经过一长串的测试（这些测试）后才会向入会者打开，以证明他的革命教育的进展，他的信仰的不变和他内心的圣殿。

布兰克提供了这个不可否认的事实：共济会是世界上最强大的革命力量之一，自其成立以来一直如此。我们必须再次感谢一位共济会发言人，他帮助我们发现了支持上述说法所需的证据。

我注意到，**每当共**济会举行大型宴会时，他们中的一个人就会放肆起来，真相大白。看看共济会员雅克-德尔佩克在1902年举行的一次非常大的重要宴会上的发言。

> 伽利略人的胜利已经持续了20个世纪，他也轮到自己死了。这个神秘的声音曾经在伊庇鲁斯山上宣布潘的死亡，现在又宣布欺骗人的上帝的死亡，他承诺给那些相信他的人一个正义与和平的时代。幻觉已经持续了很久；撒谎的上帝正在消失；他将加入印度、希腊和埃及以及罗马的其他神灵的行列，在那里有那么多受骗的生物投奔到他们的祭坛脚下。我们很高兴地说，共济会并不关心假先知的这种毁灭。

建立在伽利略神话基础上的罗马教会，在共济会协会成立的那一天**开始迅速衰落**……从这个政治角度来看，共济会经常有不同的看法，但自古以来，共济会一直坚守这一原则，向一切迷信宣战，向一切狂热宣战。

这份声明的原件可以在伦敦的大英博物馆看到。我在本书前面引用了这段话的摘录，但经过思考，我认为应该把它完整地写进去，因为我认为这是一位资深共济会员说过的最有启示性的话。

也许不太为人所知的是共济会在两国战争（又称美国内战）中发挥的作用。关于这个问题的一个权威是作者布兰查德，他在他的书《苏格兰仪式共济会》第二卷第484页中提到了这场悲惨的冲突。

这是共济会最臭名昭著的战争行为，在战前烧毁了他们59年的档案以掩盖叛国行为。但当时奴隶制统治着这个国家，33岁的查尔斯顿

度统治着各家旅馆。而南方的旅馆则为有史以来最无理和最臭名昭著的战争做准备。南方人被领导人带入其中，他们暗中发誓要服从共济会的命令和领导人，否则就会被割喉！

那么，到目前为止，共济会取得了什么成就？首先，它对基督和教会的战争通过过去十年中巫术的大规模复兴和诺斯替主义的惊人传播而加剧（见我的书《撒旦主义》）。

与天主教会的斗争也加剧了。1985年，在梵蒂冈的高级理事会中，耶稣会士比天主教历史上任何时候都多。它的准军事组织--

耶稣会，已经能够在全世界范围内传播，并在各国之间造成破坏，包括津巴布韦、尼加拉瓜、菲律宾和南非，而且在很大程度上是在美利坚合众国，它在那里建立了一个名副其实的堡垒--

指挥中心，并从那里渗透到政府的所有部门。它产生了一种无政府主义精神，正以多种形式席卷全球，特别是以 "摇滚 "音乐及其孪生兄弟--毒品文化的形式，以及国际恐怖主义的激增。值得记住的是，根据基督的说法，路西法代表无政府状态和叛乱，他是叛乱之父。在研究共济会的进展时，我们要追溯到它的第一次伟大胜利，即血腥的法国大革命。再次记住基督的话：撒旦是一个嗜血的杀人犯，而且一直如此。

共济会在法国大革命的策划和执行中发挥了主要作用

。对于那些可能没有读过的人，我推荐《*法国大革命*》这本书，[2]                                    ，作者是内斯塔-H-韦伯斯特。这是一本研究得最好的书，毫无疑问地证明了法国大革命是共济会的一项事业，由罗斯柴尔德家族资助，他们以这种方式表达了他们对基督长期以来的愤怒仇恨。

1917年可怕的布尔什维克革命也是如此。在这两种情况下，我们都看到共济会的精神是指导性的，特别是英国共济会。在此之前，我们看到了英布战争，这是一场残酷无情的企图，旨在消灭一个由敬畏上帝的基督徒组成的小牧民国家，这是第一次种族灭绝行为，其目的只是为了获得对南非土地下的矿产财富的控制。是的，这是第一次有记录的针对一个国家的种族灭绝。帕尔默勋爵和阿尔弗雷德-米尔纳等领先的共济会员对他们认为"廉价"（用塞西尔-罗德斯的话说）的劣等民族，即布尔农民的白人基督教民族实施了这种行为。

在这场战争中，我们看到了第一次使用集中营和对平民（相对于军队）的全面战争，这导致了27000名妇女和儿童死亡。残酷的克里米亚战争是普世共济会发展的**另一个里程碑**。

阿比西尼亚战争是另一场种族灭绝的战争，其发动的唯一目的是撕裂意大利并削弱天主教会。这从头到尾都是一个共济会的阴谋。鲁道夫-

---

[2] *法国大革命，民主的研究*，首次由Omnia Veritas翻译成法语，www.omnia-veritas.com

格拉齐亚尼将军是一名主要的共济会会员，整个事件是马志尼的策划，他是共济会网络中的共济会大师和**阴**谋家。

难怪墨索里尼于1922年在意大利禁止了共济会，并流放了它的一些领导人，如巴特莱梅奥-托雷亚尼。像往常一样，他们去了伦敦，这个世界上各**种**颠覆和反叛运动的首都，在那里，英国媒体试图欺骗英国人民，报道说意大利共济会"不受欢迎"，这是引用1931年一家大报发表的报道。

如前所述，所谓的西班牙内战是企图在西班牙建立一个共产主义政府并推翻天主教会。无论你怎么看，这都是**另一个共**济会的阴谋。共济会利用他们的势力所激起的内乱，对天主教会发起了愤怒而血腥的攻击。官方统计显示，有5万名修女和牧师以最残酷和最不人道的方式丧生。对天主教会的仇恨是如此猛烈，以至于在一次可怕的行动中，社会主义部队挖出了修女和牧师的尸体，将他们排成坐姿，靠着教堂的墙壁，把十字架放在他们手中，用他们能找到的一切卑鄙的谩骂来责骂、谴责和诅咒死者。

当时的西方媒体和现在一样，都掌握在共济会的手中，"忠诚者"（共产党人，他们唯一的忠诚是路西法）得到了世界媒体的支持。在大英博物馆学习期间，我广泛阅读了有关战争的新闻报道，还观看了一些有关这一主题的　"新闻报道　"和纪录片，特别是一些"新闻报道"，这显然是塔维斯托克研究所的工作。[3]

---

[3] 见John Coleman *The Tavistock Institute*, Omnia Veritas Ltd,

人类的敌人无一例外地得到了赞美、崇拜、支持和安慰，而基督教的西班牙军队在基督教的佛朗哥将军的领导下，却受到了所有毫无根据的诽谤和对暴行的指控，而这正是我们西方的谎言媒体所擅长设计和实施的。我敢说，如果基督本人领导了基督教西班牙的力量，新闻界的卖国贼甚至会以某种方式设法破坏他的努力！"。

# 第八章

## 共济会对世界领导人的暗杀

共济会在萨拉热窝刺杀斐迪南大公的阴谋成功了，第一次世界大战的结果是，白人基督徒遭到了可怕的屠杀。第一次世界大战和第二次世界大战是共济会阴谋、阴谋和计划的结果。

我已经提到了美国总统林肯、加菲尔德、麦金利和肯尼迪的暗杀事件。共济会的暗杀行动并不局限于美国总统，而是涉及到历史上各种各样的知名人士。

还有许多其他共济会刺客的受害者，如众议院银行委员会主席L.麦克法登议员，他试图阻止联邦储备银行这个私人银行的成立。它既不是联邦银行也不是储备银行，而是由共济会控制的奴役工具。

当然，**众所周知，来自德国的**33位　度共济会员保罗-沃伯格撰写的文章，通过在1913年创建联邦储备银行成功地颠覆了美国宪法。美国参议院的共济会确保其作为 "法律 "通过。

1910年11月22日，乘坐密封的私人马车离开霍博肯，前往佐治亚州海岸的杰基尔岛，策划联邦储备银行的**阴**谋者中只有两人不是共济会员。在官方文件中很少提及这一颠覆宪法的阴谋。甚至曼德尔-

豪斯上校（一个主要的共济会成员，他是签署了《联邦储备法》的威尔逊总统的主计长）也没有提到它。

像往常一样，当美国人民的重大利益受到威胁时，像《纽约时报》这样的流氓媒体认为不应该将这些卑鄙的叛国行为告知美国人民。为什么1913年是重要的？因为如果没有联邦储备银行，共济会就不可能进行第一次世界大战！在那场战争中，以及在第二次世界大战中，国际银行家（对银行家和黑帮分子的称呼）拥有的军火工厂从未被触动过！在那场战争中。联邦储备银行的                                        "弹性"货币为军火贸易提供了资金，所以你可以肯定，冲突的任何一方都不会愚蠢到破坏银行家的资产，即他们的武器和军火工厂。

我觉得，真正的                              "国际主义者"是西方国家的军火商。这些人在共济会的指导下工作，有**两个目标**：制造和延长战争，通过国际恐怖主义破坏和平。然后利用他们认为会发生的战争。银行不分国界，不效忠于任何国家。他们的上帝是路西法。

如果可能的话，拿起一本《财富》杂志出版的小书《武器与人》，仔细阅读。这样你就会清楚地知道谁是国际恐怖主义的幕后黑手，也许更重要的是，证明共济会是当今世界的恶魔势力，对红色旅（共济会恐怖组织La                    Roja--红军的继承者）和在世界各地活动的数百个有组织的恐怖组织负有责任！这就是共济会。

共济会的另一个最大的成功和成就是使用人工诱导的药物，以及这种                              "交易

"在整个西方世界流星般地扩散。中国（原料鸦片的主要供应国）在越南冲突中的作用是让美国军队对鸦片上瘾，这样他们就会把他们的习惯带回美国。在这一点上，中国成功了。统计显示，在越南的美军中，有15%的人对海洛因上了瘾！这也是为什么美军会有这么多的人。毒品贸易的头目是主要的共济会员。

如果**你**觉得这很难相信，让我提醒你，世界上有史以来最大的鸦片剥削者：英国政府。英国政府对中国实行的官方鸦片政策产生了数百万吸食鸦片的瘾君子。**帕麦斯**顿勋爵，一个33岁的
度苏格兰礼节共济会会员，对这种阴险的贸易负责。这一撒旦企业的利润至少资助了一场反对基督的重大战争--英布战争（1899-1902）。

摩纳哥格蕾丝王妃怎么了？她的车仍在摩纳哥的警察院子里被控制着。没有人被允许检查它。为什么不呢？因为格蕾丝是被P2共济会（意大利共济会最秘密的分支）的人谋杀的，以警告她的丈夫不要挪用他在哥伦比亚和玻利维亚的兴奋剂业务所带来的利润！她的丈夫是个很好的例子。

美国最高法院的无法无天是受共济会的启发。无法无天的最高法院为美国提供了堕胎，这是一个礼貌用语，指的是对至少5000万无辜的、无力保护自己的婴儿的大肆杀戮！"。愿万能的上帝原谅我们允许路西法谋杀未出生的孩子。

希律王是一个卑鄙的儿童杀手，但相比之下，堕胎厂使他看起来像一个**圣人。支持堕胎的法官在最高法院**的长椅上取暖，比希律更好吗？最高法院禁止在我们

的学校进行祈祷的无法无天行为是共济会的又一次胜利。路西法是无法无天的缩影，而由共济会控制的美国最高法院今天正在美国执行其无法无天的议程。

> 我必升到云的高处，我必像至高者一样（以赛亚书第二章14节）。

这就是美国最高法院的做法。它将自己置于有史以来最伟大的两份文件--
《**圣经**》和《**美国宪法**》之上!除非我们纠正这种可怕的情况，否则美国将继续向下漂移，最终像成熟的李子一样落入我们称之为共济会的路西法控制的世界阴谋手中。在《创世纪》第三章第15节，我们读到上帝向路西法宣战。这种冲突现在就在进行。我们在做什**么呢？**

我们是在花时间被电视上的体育奇观所麻醉，还是在尽自己的职责警告我们的美国同胞，这个伟大国家的衰落迫在眉睫？如果我们不从盲目的沉思中醒来，加入上帝对路西法的战争，我们作为基督的士兵就没有什**么价**值。

耶稣说，该隐是地球上第一个逃犯。共济会运动以其密码Tubal
Cain来纪念该隐。共济会不能与基督教共存。要么共济会取得胜利，要么基督教将摧毁它。谋杀基督是宇宙中有史以来最非法的行为，但共济会却为其鼓掌。其伟大的人物之一，蒲鲁东说。

> 上帝是懦弱、疯狂、暴政、邪恶。对我来说，路西法，撒旦!

共产主义是共济会的一个阴谋，目的是推进路西法的王国，无视上帝对他在地球上的子民的计划。当我们意识到这些事情时，许多拼图的碎片就会开始拼凑起来。

我们在学校和大学接受的那种教育不会使我们能够打击这些罪恶，因为这些东西的知识被我们的教育控制者故意隐藏起来。

在我们的大学里，你不会发现任何关于联邦储备银行是一个非法和私人实体的事实。你也找不到任何关于美国秘密政府、300人委员会及其对外关系委员会的信息，它们正在背叛并将这个伟大的国家交付给一个世界政府--
新世界秩序。这是共济会的一个计划，是他们彻底摧毁基督教并将其从地球上抹去的普遍努力的一部分。

这是无政府主义的最终行为。请记住，基督来是为了把我们从巴比伦的法律中解放出来，而共济会就是建立在这个基础上的。基督说，撒旦是个逃犯，因为他是非法来到地球的，也就是没有身体。这就是为什么基督必须由一个女人所生，以便合法地在地球上存在。

只有那些有身体的人才是合法的在地球上。撒旦从后门进入这个世界。(基督在比喻中说，他爬过了墙。)由于共济会崇拜的撒旦，美国已经陷入了绝望的境地。也许你是低级别的共济会会员，你说："我做了多年的共济会会员，在我们的俱乐部里从来没有发生过这样的事情。

对你和其他像你一样的人，让我说，"**你被欺**骗了。绝大多数共济会员从未被告知在33个 度中发生的事情。

正如埃克特所说。

> 我已经说过，而且我重申，许多共济会员，甚至在共济会的学位中，都没有怀疑他们所使用的符号对最高学位中所教导和实践的东西的隐藏意义。

**另一位泥瓦匠的**权威，唐-伯努瓦说。

> 改革后的钯金仪式以对路西法的崇拜为基本做法和目的，充满了不虔诚和所有黑魔法的恶名。

> 在美国站稳脚跟后，它已经入侵欧洲，并且每年都在取得令人恐惧的进展。可以想象，它的所有仪式都充满了对上帝和对我们的主耶稣基督的亵渎。

我们还需要说更多吗？

# 第九章

## 以前被忽视的事实

**关于共**济会，我们不能忽视的一点是，它是一个颠覆
**性运**动。共济会对很多人来说意味着很多东西，但贯
穿共济会历史的共同点是其为了自身安全而保密的一
贯特点。所有的秘密社团都是颠覆性的，有些还具有
神秘性和政治性，但这些事实对共济会的主体是隐瞒
的，他们很少超过第四级。

共济会是一个喜欢保密的组织，憎恨那些试图揭露其
固有邪恶的人。它有一个保密的癖好。砖石需要暴露
出来。一个**开放日**对运动来说是自杀性的。本书的目
的是阐明共济会的一些情况，它与耶稣会和黑人贵族
交织在一起，以至于不可能孤立地讨论共济会，也不
可能不提及它的同谋者。

这将在我继续写书的过程中变得明显。列夫-
托尔斯泰对所谓的共济会信条作了相当好的描述，他
虽然不是共济会会员，但由于对共济会和它的一些原
则过于同情而作了明确的说明。

托尔斯泰用
"兄弟情谊"（共济会、光照派和共产主义的基石）详
细说明如下。

只有将石头铺在石头上，在从我们的祖先亚当到今天的所有数百万代人的合作下，**圣殿才能被建立起来**，成为伟大的上帝值得居住的地方。

他没有告诉我们，共济会的象征--字母 "G "代表诺斯替主义而不是上帝。托尔斯泰接着说。

我们教团的首要目标，也是它赖以生存的基础，是任何人类力量都无法摧毁的，那就是从最早的时代，从第一个人**开始**，**保护和传播一个人类命运可能依赖的神秘事物**。但是，由于这个奥秘的性质，如果没有经过长期勤奋的自我净化的准备，没有人能够知道它或使用它，所以不是**每个人都能希望迅速达到它，因此**有一个次要的目的：那就是尽可能地准备我们的成员，通过传统传给我们的方式，改造他们的心，净化和**启迪他**们的思想。

这正是光明会和许多其他秘密社团，如玫瑰十字会和耶稣会的目标。黑人贵族相信，他们以某种方式被赋予了特殊的知识，并被选中 "从古代 "进行统治。

这就是人们如何看到共济会和其他神秘的秘密社团之间的共同点，现在世界上有很多这样的社团。共济会完全是一个黑暗的谎言，这可以从基督的话中推断出来，他说

......人喜欢黑暗（秘密的地方）而不喜欢光明，因为他们的行为是邪恶的。

正是一个长期存在的、根本性的重要传统的概念，给了共济会以动力。所有的秘密命令，甚至是埃及的祭司，都被保存在一起，并被赋予权力和权威，假设他

们知道普通人不知道的秘密事情。又是托尔斯泰。

第三个目标是人类的重生。

这就是所罗门圣殿的七个台阶。在这一点上我要提到，所罗门可能是有史以来最伟大的魔术师。在现代，一个出生并生活在美国的年轻罗姆人，自称大卫-科波菲尔，作为一个伟大的魔术师而闻名。罗姆人吉普赛人长期以来一直是著名的魔术师，科波菲尔在他的职业生涯因强奸罪被捕而崩溃之前达到了很高的水平。因为我相信，正如《旧约》所肯定的那样，基督教并不建立在魔法的基础上，所以我倾向于不考虑所罗门的智慧，认为它对基督的教义没有什么影响。我个人的看法是，基督教并不完全取决于《旧约》。基督教真正**开始于加利利的基督。基督不是来自耶路撒冷**、所罗门或大卫的血统。因此，基督徒必须将共济会是基于基督教的想法作为宣传而断然拒绝，因为它对所罗门的评价太高了。

如果我们研究这一点，我们就会对共济会和基督教有更好的理解。我个人的观点是，基督最初将他的传教活动限制在加利利，但在他的追随者的劝说下，他向耶路撒冷进行了一次传教的十字军东征。在他到那座城市传教不久，犹太公会就判处他被钉死在十字架上。我不相信所罗门的魔术与基督教有任何关系，就像共济会一样。我不知道我们中有多少人曾经停下来思考过共济会和寺庙之间的密切联系。

所罗门圣殿的七个台阶据说是指。

❖　　自由裁量权

❖　　　服从
❖　　　道德
❖　　　对人类的爱
❖　　　勇气
❖　　　慷慨解囊
❖　　　爱
❖　　　死亡人数

我再次提请你们注意，在过去20年里，几乎所有好莱坞和电视电影中的葬礼场景都在激增。我想指出，其目的是向我们所有人灌输一种对死亡无所谓的态度，这与基督的教导直接相反，他说死亡是最后一个要被打败的敌人。当我们开始视死亡为无物时，文明就有可能倒退到野蛮状态。

当我们习惯于随意接受死亡时，我们的敏感度（希望如此）将被钝化--
对大规模谋杀的正常意识恐怖最终会让位于一种鲁莽的感觉。我向你提出，我们都在不断被洗脑。下次当你看到一部包括几乎是强制性的墓葬场景的电影时，请记住这一点。其目的是使人对我们每个人的个性缺乏尊重。我们不是一群人，我们是个人。

对死亡的随意接受违背了基督的教导，也符合共济会的教义，以及其他许多秘密社团的教义，这些社团的特征和目的明显是撒旦的。弗兰克-金（Frank King）是一本关于共济会员卡格里奥斯特罗的杰出著作的作者，据说他　　　　　　　　　　　"发现"了共济会的埃及仪式，他说卡格里奥斯特罗经历的入会仪式
"与今天在共济会会所进行的仪式非常相似。它包括几

个无害但不体面的场景，目的是为了给候选人留下印象。

初学者被吊在天花板上，任其悬空，表示他在没有神的**帮助下的无助**。**他被一把匕首刺伤**，匕首的刀刃塌陷在刀柄上，以强调如果他背叛了骑士团的秘密，他的命**运就会降**临。他不得不跪下来，脱掉衣服，以示对门徒会会长的服从。伟大的魔术师卡格里奥斯特罗在访问伦敦时，看到一本关于埃及仪式的书。这本书的作者是乔治-
加斯顿。它给卡格里奥斯特罗留下了深刻的印象，以至于他**开始推广它，称其为**
"共济会的埃及仪式"，声称是他自己的。**卡格里奥斯特罗声称**，埃及仪式比正规的共济会更加庄严和古老。他把他的 "发现 "说成是一种
"高级共济会"，只对25级以上的共济会员开放。 。与原作者加斯顿一样，卡格里奥斯特罗声称埃及仪式的创始人是以利亚和伊诺克，和他们一样，埃及仪式共济会的成员永远不会死，但死后会被
"传送"，**每次都会从灰烬中重生，活出十二个生命。**

毫无疑问，"净化的
"共济会员发现不必死亡和被赋予十二条生命的前景非常令人满意，因此有许多人皈依了新的，或者应该说是古老的**卡廖斯特**罗教团，特别是黑色贵族的冯德雷克元帅和冯德雷克伯爵夫人，他们的家族可以追溯到威尼斯的黑格尔夫家族。非凡的卡格里奥斯特罗，魔术大师和他那个时代的
"所罗门"，于1776年被接纳到伦敦的国王头共济会的希望之门。在伦敦呆了14个月后，他**离开**罗马，在天主教敌人的眼皮底下推广他的 "新

"仪式，不久就被教皇逮捕。如果我们对共济会一无所知，那就已经很清楚了，共济会是奥菲克和毕达哥拉斯邪教的直接后裔，与基督教毫无**关系**，**与**对上帝的崇拜更是毫无**关系**，**正如我所**说，共济会在自豪地宣称字母                                              "G"代表上帝的同时并没有告诉我们。如果共济会是建立在基督教的基础上，它就不会如此愤怒和暴力地仇恨天主教会。

# 第十章

## 天主教教会：共济会的死敌

从其历史的最早期开始，天主教会就谴责共济会本质上是邪恶的。另一方面，新教教会，特别是其英国圣公会分支，不仅公开容忍共济会，而且在一些情况下，英国**圣公会的一些成**员在共济会中担任高级职务。英国**圣公会牧**师控制最秘密和最重要的旅店的情况很多，包括伦敦的Quator Coronati旅店和巴黎15区臭名昭著的九姐妹旅店[4]，。共济会轻蔑地宣布，它不惧怕新教，认为新教是天主教的私生子，是它致命的、可怕的敌人。

新教教会无法有效地反对共济会的传播。共济会将共济会是天主教唯一可行的替代方案作为事实来教导，而马志尼（一位在促成美国内战中发挥了决定性作用的主要共济会成员）以最凶猛的方式谴责了天主教。说共济会根本无视新教，是完全准确的。

一位33岁的 度泥瓦匠告诉我。

> 我们是当今世界上第一个宗教。我们比天主教会更老更聪明，这就是为什么她如此憎恨我们。加入我们的人感到他是一个秘密社会的基本宗教的成员，是生命和宇宙力量最古老奥秘的守护者。我们不存在有组织

---

[4]著名的九姐妹旅馆，据说本杰明-富兰克林就属于这个旅馆。

的宗教所存在的问题，即在其追随者中激发深刻的目的感，而我们向我们的成员灌输了这种目的感。看看非洲和南美洲的天主教徒。**你会**说他们被灌输了一种深刻的目的感和归属感吗？

当然，我的共济会朋友懒得向我解释，共济会是基于欺骗，其真正目的是对路西法的崇拜。他继续对我进行宣传（他实际上是在向我提供他的协会成员资格），他说。

> 我们接受的入门者在出现时，对一个秩序井然的宇宙有一**种感**觉，他或她自己的目标和目的突然被明确界定。一个可以追溯到亚当的传统站在他身后。人与人之间的兄弟关系的概念使他对人类有了新的归属感。此外，世界上有很多仁慈的共济会兄弟，不会让他失望。当然，这是基督教会完全忽略的一个重要吸引力。只要基督教会不学会**关心人，关心彼此**，以实际的、日常的方式，基督教就会继续枯萎。

毫无疑问，我们每个人都有强烈的愿望，希望我们的身体需求得到满足。安全是最重要的，我的共济会朋友当然是对的。虽然葛培理和他的      "电视布道者"同伴显然很好地照顾了他们自己的需要，但他们事工的核心成员在实际层面上却没有得到任何照顾。基督徒中完全缺乏兄弟之爱和对他人的关心。没有人可以否认这种明显缺陷的存在和问题的严重性。在这一点上，我们可以从共济会中得到启发，共济会很好地照顾了其成员。无论共济会、黑衣贵族和耶稣会之间有**什么乱**伦关系，他们的共同愿望和目标是推翻现有秩序，摧毁基督教。无论我们是天主教徒还是新教徒，我们都有责任全力反对他们的目标。所有伟大的阴谋都是由强大的意识形态动机--

在共济会的情况下，对基督教的共同仇恨--
来**巩固和**约束的。我们可以把对真正的共和主义理想
和民族国家的仇恨列入他们的 "仇恨名单"。

除了上述情况外，这些阴谋家有什么共同点？答案是
，他们百分之百地得到了 "古老家族
"的巨大财富的支持，甚至愚蠢地得到了一些皇室的支
持。在美国，他们得到了CFR的全力支持，CFR是埃
塞克斯军团的后裔，埃塞克斯军团是发动内战的阴谋
**机构之一**，**在波士**顿最富有的家庭的帮助下，几乎打
破了联邦。波士顿最古老和最有声望的家族的后代正
在继续埃塞克斯军阀的工作，试图分裂美国--
而且他们得到了世界上最富有的一些银行王朝的支持
。

这伙叛徒在梵蒂冈有一个盟友，一个叫克拉丽莎-
麦克奈尔的人，她在梵蒂冈电台上播放反美宣传。她
受到一些著名共济会员的保护，所以她成功地躲过了
教皇的怒火。

破坏波兰的稳定，为计划中的入侵铺平道路，是由受
过耶稣会训练的自由职业者兹比格涅夫-
布热津斯基领导的，他'创造'了团结工会[5] ，这个假的
工会，完全是为了破坏雅鲁泽尔斯基将军的政府的稳
定。教皇解释说，他，莱赫-
瓦文萨，只是更大力量手中的一个工具。他们会面后
，瓦文萨从政治舞台上消失了。除了一两个例外，大
多数教皇都是共济会的敌人，并一贯反对耶稣会。教
皇约翰-保罗二世任命反耶稣会的保拉-

---

[5]波兰语的Solidarnosc。

德兹为该会会长，在耶稣会圈子里引起了惊愕。"教皇说："我将为教团带来秩序。

上述案例中，波兰和反对耶稣会，只是教皇参与与共济会争斗的众多案例中的两个。很少有人知道教皇约翰-保罗二世的外交努力--
比如他一再警告美国放弃其盲目的亲以色列的中东政策，教皇说这种态度将导致第三次世界大战。

波兰并不是第二次世界大战以来西方国家政府中唯一的蓄意叛国案例。我记得是某位克鲁格曼将叛徒，即名为伯吉斯、麦克林和菲尔比的英国军情六处特工纳入克格勃。菲尔比是一个终生的共济会会员，他通过斯图尔特-孟席斯爵士（Stuart
Menzies）获得了在SIS（特别情报局）的工作，孟席斯爵士是苏格兰礼教共济会会员，也是SIS的前主任。安东尼-
布朗特，女王的天鹅守护者和特级间谍，在加入共济会后**开始了他的叛徒生涯**。

在他的整个职业生涯中，布朗特受到国家情报局高层人员的保护，这些人和他一样都是致力于共济会事业的共济会员。国安局中充斥着克格勃-
共济会的间谍。另一个可耻的事实是，苏格兰场从上到下都是由苏格兰礼教共济会管理。泥瓦匠使用微妙的控制方法。在其历史的早期，情况并不总是如此。与今天相比，它更倾向于使用纯粹的武力来实现其目标。我所说的一个真正了不起的例子是我前面提到的**卡格里奥斯特**罗。卡廖斯特罗被指控犯有盗窃罪，当时一位西西里侯爵，一个33岁的
共济会会员，跳到检察官身上，把他打倒在地，打断

了审判。对卡格里奥斯特罗的指控很快就被撤销。这一说法得到了共济会权威W.R.H.
Towbridge和歌德的验证。今天，黑色贵族-
共济会的耶稣会士不直接使用武力，除了给犯错的成员以警告的教训，正如我们看到的罗伯托-
**卡**尔维的绞刑仪式和格蕾丝-
凯莉的死亡。卡尔维是安布罗西亚诺银行的董事，因丢失了几百万的泥瓦匠资金而有罪。他逃到英国，寻求朋友的保护，但发现自己陷入了一个致命的陷阱。他被共济会按照他们的仪式绞死。当机会出现时，共济会并不回避暴力。在每个学位上进行的血腥宣誓都是残酷的，令人厌恶的。

作家约翰-罗宾逊在他的《*生于血*》一书中说。

> ……把一个人的舌头挖出来，把一个人的心脏从胸口**挖出来，把一个人的身体切成两半，把内**脏化为灰烬，从字面上看，这似乎是一种过激行为，而且违反了共济会活动的任何国家的法律，以及共济会欢迎的所有宗教的博爱。

约翰-昆西-
亚当斯是美国第六任总统，他特别强烈地反对共济会。

正如罗宾逊在他的书中所说:

> 亚当斯从不放过任何谴责共济会的机会。他呼吁所有共济会员放弃该组织，帮助彻底废除它，因为它与基督教民主完全不相容。他写了那**么多反**对共济会的信，可以写满一本书。在1831年9月22日给他的朋友爱德华-

英格索尔的信中，这位前总统总结了他对共济会誓言的态度及其对兄弟会的影响。

研究共济会和美国宪法的历史学家和学者不同意关于共济会在开国元勋中扎根的说法，他们认为共济会在这个年轻的共和国中仍然根深蒂固。宪法的最终版本是由许多聪明人写的，但已经表明共济会对其中的大部分负责。

托马斯-
杰斐逊的散文构成了该文件的大部分内容，但他还是强烈反对共济会。其他主要作者是乔治-
华盛顿、本杰明-富兰克林和约翰-
亚当斯。虽然不是共济会员，但亚当斯会同意华盛顿和富兰克林的意见。杰斐逊仍然是插足者。但正如它对卡格里奥斯特罗所做的那样，共济会总是照顾自己的。

意大利共济会P2卢西奥-格利（Lucio
Gelli）从高度戒备的瑞士监狱中
"奇迹般地逃脱"，证明了这一点，也证明了共济会的非凡力量。格利住在西班牙，没有受到瑞士警察或国际刑警的困扰，他们是莱因哈特-
海德里希的余**孽。关于格利的奇怪之**处在于，在整个第二次世界大战期间，他与墨索里尼密切合作，尽管后者反对共济会。

也许这是因为在17岁时，格利自愿参加了墨索里尼组建的远征军团，被派往西班牙与共产党人作战。

后来他加入了中情局。1981年3月，警方突袭了格利的

住所，发现了许多文件，显示他曾与所谓的
"梵蒂冈银行                                    "的罗伯托-
卡尔维合作，换句话说，是与黑手党合作。卡萨罗利
枢机主教后来说，梵蒂冈银行被抢走了数百万美元。

# 第十一章

## 国际刑警组织的共济会关系

我想知道为什么西方国家在谴责德国在二战中自卫的同时，还在使用国际刑警组织这个前纳粹的装置，直到我发现国际刑警组织是一个共济会的间谍网络，是共济会、耶稣会和黑人贵族的专利。大卫-洛克菲勒广泛利用国际刑警组织，他在战后几年里从德国直接购买了国际刑警组织，以监视可能对对外关系委员会（CFR）**构成威**胁的美国右翼团体。

我所研究的历史，在你们通常的历史书中是找不到的，它**揭示了**苏格兰礼教一直是，而且仍然是，侵扰世界的许多秘密社团的首脑。苏格兰共济会仪式开始时是对莫贝德的崇拜，有时也被称为玛吉的崇拜。魔术师西蒙是莫贝德的成员。正是西蒙-马格斯将诺斯替主义的崇拜提升为一种反基督教的力量，然后他将其带到罗马，以对抗圣彼得和亚历山大的斐洛的活动。

正是从诺斯替主义中诞生了对基督教、民族、国家和共和主义理想的仇恨，并最终提炼成所有秘密社团的教义体系，我们称之为共济会。共济会的核心是苏格兰仪式，其中路西法在更高的等级中受到尊敬和崇拜。英国贵族把它强加于美国，给年轻的共和国带来了**灾**难性的后果。英国由不公正的苏格兰礼教组织管理

，它是拉斐尔前派兄弟会的奥秘主义-
坦普拉邪教和约翰-
罗斯金的伊西斯和奥西里斯的继承人。玫瑰十字会是
耶稣会士罗伯特-弗劳德和特务培根的秘书托马斯-
霍布斯的杰作，并奠定了苏格兰礼教的创始原则。

苏格兰共济会仪式的创立是由威廉-
佩蒂爵士监督的，他是著名的谢尔本伯爵的祖父，是
由瑞士寡头领导并由伦敦控制的血腥革命的策划者，
我们称之为法国大革命。耶稣会士将罗伯特-
布鲁斯置于苏格兰的王位上，并任命他为苏格兰仪式
的负责人。自伊丽莎白一世女王时代起就主宰英格兰
领导层的塞西尔家族是这个阴谋的一部分。塞西尔家
族与圭尔夫黑人贵族的威尼斯家族有直接关系。关于
塞西尔家族的全部细节，请拿起我的专著《*国王的制
造者，国王的破坏者：塞西尔家族*》的副本。

共和时期美国的秘密历史中充满了臭名昭著的叛徒的
名字，他们是苏格兰礼教的成员，反对年轻的共和国
。黑人贵族的瑞士间谍阿尔伯特-
加勒廷、堕落放荡的美国人阿尔伯特-
派克，以及苏格兰礼教共济会的英国首相威廉-
皮特1804年派往美国的新任英国大使安东尼-
梅里，与蒂莫西-皮克林、参议员詹姆斯-
希尔豪斯和威廉-
普拉默合谋，让新罕布什尔州脱离联邦。梅里冒充没
有经验的外交官，但实际上是共济会的高级特工，也
参与了新泽西、宾夕法尼亚和纽约的类似分离主义阴
谋。

威廉-尤斯塔斯是苏格兰礼教会为击败约翰-昆西-

亚当斯竞选国会席位而提出的候选人。共济会毫不掩饰他们在尤斯塔斯战胜亚当斯的过程中的共谋行为。几年前，**另一位共**济会员格林维尔曾推动通过了《印花税法》。

由共济会控制的英国议会启动了《亨利八世法规》，该法规允许英国人将美洲殖民地中任何决心将这个年轻的国家从乔治三世的枷锁下解放出来的人带到英国，即使这意味着要为此开战。

由年轻共和国的敌人的憎恨的寡头在南卡罗来纳州查尔斯顿建立的苏格兰礼教世界的母会，有一个叫摩西-海斯的主要信使，他是一个保守党的商人，在各州之间旅行，携带苏格兰礼教的指示和信息。战争爆发时，海斯拒绝宣誓效忠。非常强大的波士顿第一国家银行是由海斯、阿瑟-海斯-苏兹伯格和约翰-洛厄尔创立的，名称为
"马萨诸塞州银行"。苏尔茨伯格家族后来作为名义上的，但不是真正的所有者经营《纽约时报》。*纽约时报*》长期以来的反美丑闻记录众所周知，不必在此赘述。

苏格兰礼教组织策划的积极而严重的叛国行为在美国正式**开始，**其专利权授予了奥古斯丁-普雷沃斯特，他是瑞士黑人贵族的一员，是共和国的敌人，他拥有共济会　　　　　　　　　　"皇家秘密王子"的称号。在我们的历史上，黑瑞士和威尼斯贵族把我们玩弄于股掌之间，尽其所能地破坏和摧毁这个年轻的国家，他们认为这是对欧洲旧秩序的威胁。伦巴第家族在14　　　　世纪受到打击，几乎毁于一旦，但在"仁慈的共济会员"，特别是黑衣贵族的共济会员，威

尼斯的维泰博斯伯爵的帮助下，再次崛起。

维特博和伦巴第家族恢复了威尼斯的权力和威望，伦巴第银行王朝继续与美国共和党斗争了数百年。维特博斯家族通过征服奥斯曼帝国复兴了威尼斯，然后在他们和他们的家族朋友之间瓜分。威尼斯黑人贵族Lonedon组织了伊格内修斯-罗耀拉的
"改邪归正"，他突然忏悔并创立了耶稣会。耶稣会过去和现在都是共济会、黑人贵族、帕拉维西尼、康塔里尼、卢卡托家族和美国东海岸的自由派机构的情报收集组织。正是耶稣会写了天主教主教的牧函，谴责我们的核威慑力量是共济会对天主教会和美国的300年战争的一部分。

共济会的主要战士之一是弗农-沃尔特斯，里根总统的麻烦制造者和驻联合国大使。沃尔特斯是意大利P2共济会的重要成员。我不知道里根总统是否曾询问过沃尔特斯关于他代表P2在纳萨尔运动中的作用（1960-1970年）。与沃尔特斯相比，威廉-沙利文也同样引人注意，他在推翻菲律宾总统马科斯的过程中发挥了作用。正是沙利文要求国会不要向菲律宾政府支付租用克拉克和苏比克湾机场的逾期款项。

我注意到，沙利文没有要求国会暂停向古巴支付关塔那摩湾海军基地的费用，也没有抗议来自古巴的毒品流动。沙利文没有提到当时位于古巴的西半球最大的恐怖主义训练营，这个设施使利比亚和叙利亚的训练营相形见绌。

沃尔特斯和沙利文都在最高机密的共济会组织 "锡安会"的控制之下，该组织代表在各国政府内运作的苏格兰礼教最高委员会成员作出关键性的决定。在我们的秘密历史中，共济会-
耶稣会的邪恶力量一直主宰着我们的决策机构，这一点在今天肯定和美国革命和内战期间一样真实。

里根完全受共济会的摆布，按照CFR的命令行事。有许多关于苏格兰礼教的非常重要的书籍，其中许多是很好的信息来源。

在我的名单中，排在首位的是 《美国北部共济会管辖区33
度成员最高委员会的历史及其背景》，作者是塞缪尔-哈里森-
贝纳德；《南方管辖区最高委员会的历史，1801-
1861》；以及《来自查尔斯顿的11位绅士：世界母亲委员会最高委员会的创始人》，这两本书都由雷-
贝克撰写，由古代公认苏格兰礼教33
度最高委员会自费出版。

贝克是美国公认的苏格兰礼教的历史学家，据他说，苏格兰礼教是由犹太商人和犹太宗教领袖创立的，他们于1760年从法国带来了专利，之后在查尔斯顿和费城应用。然而，根据其他历史学家的说法，犹太人是不允许成为苏格兰礼教的成员的。我觉得这很难让人相信，并认为这是围绕着谁在美国创立了苏格兰礼教这一问题的烟幕弹。所罗门王在共济会的仪式中占有重要地位，我知道他有犹太信仰，也是他们伟大的魔术师之一。我们还知道，共济会的许多仪式都是基于所罗门奉行的犹太教魔法仪式。

# 第十二章

## 历史学家Joseph关于砖石工程的观点

著名历史学家约瑟夫说，共济会仪式中使用的一本咒语和符咒书是由所罗门王写的。约瑟夫说《所罗门之钥》一书是由所罗门写的，在共济会中也被广泛使用。不管苏格兰仪式和犹太教之间有什么联系，我们知道英国寡头政治的一些成员已经采用了这种仪式。

美国共济会的主要参与者之一是我们已经提到的奥古斯丁-
普雷沃斯特，他的士兵在美国独立战争期间抢劫了南卡罗来纳州。普雷沃斯特是完美会所的大总管，该会所是由我前面提到的犹太商人团体之一的弗朗肯建立的。

正是弗兰肯将苏格兰仪式的专利权传给了奥古斯丁-
普雷沃斯特，然后他命令同为英军的共济会官员在查尔斯顿建立一个会所。奥古斯丁-
普雷沃斯特的一个亲戚，马库斯-
普雷沃斯特上校，负责招募 "王室忠臣"与殖民者作战。

在'忠诚的人'中，有许多东海岸自由派机构成员的背景，包括叛徒麦乔治-
邦迪，他是我们今天政治舞台上最积极的欧洲寡头和皇室的支持者之一，这个人对美国的忠诚度是非常值得怀疑的。瑞士普雷沃斯特家族可能并不为人所知，因为我们的历史书对他们的介绍不多。

**另一位普雷沃斯特，即乔治-**
普雷沃斯特爵士，与被派去从内部摧毁美国的瑞士-共济会间谍阿尔伯特-
加勒廷紧密结盟。乔治爵士指挥一支英国入侵部队，于1812年洗劫了华盛顿，并烧毁了白宫。毫无疑问，波士顿的蓝血人不喜欢被提醒英国的错误行为，如果有太多的美国人知道这些行为，就会破坏
"特殊**关系**"。

位于查尔斯顿的世界母会于1804年将苏格兰礼教的专利权扩展到法国，1805年扩展到意大利，1809年扩展到西班牙，1817年扩展到比利时。查尔斯顿十一君子"之一是弗雷德里克-
**达**尔乔，他在该市的圣公会担任职务，是南卡罗来纳州 "英国党"的领导人。自达尔乔的时代以来，没有什么变化：英国教会的美国分会充斥着苏格兰礼节共济会。

早些时候我提到了犹太人不被允许参加苏格兰仪式的说法。苏格兰仪式的一个著名的犹太成员是约翰-雅各布-
阿斯特，他在纽约开始了他的共济会生涯，担任纽约大教堂的财务主管。正是阿斯特给了叛徒亚伦-伯尔，一个33度的共济会。

$42,000.有了这笔钱，伯尔在纽约的一位高级犹太共济会员约翰-斯利德尔的帮助下，在谋杀亚历山大-

汉密尔顿之后得以逃脱。

斯莱德尔在查尔斯顿和新奥尔良定居，在那里他采用了南方绅士的礼仪。他与亚伦-伯尔关系密切。这两个人在新奥尔良的一些耶稣会士的**帮助下策划了一个接管路易斯安那州的阴**谋，但这个**阴**谋被忠于美国的爱国者发现后失败了。在他背信弃义地企图肢解联邦时，斯莱德尔在政府中担任重要职务。他得到了一大群共济会会员的支持。在他的时代，美国政府中有数百名共济会员。弗农-沃尔特斯和乔治-沙洛特是否会认为他们的共济会誓言与忠于美国的誓言相一致，这一点值得怀疑。正如基督所说，"人不能侍奉**两个主人**"。

对于那些相信瑜伽的人来说，有趣的是，共济会提倡将其作为一种放慢和停止思想流动的方法。共济会不喜欢人们去思考。这一信息是由撒旦教徒阿拉斯泰尔-克劳利的门徒阿兰-伯努瓦提供的，他从著名的共济会历史学家埃肯斯坦那里获得了这一信息。

四级以下的共济会仪式自由地借鉴了瑜伽的教导，但在共济会最高委员会内部，瑜伽没有被教导或以任何方式遵循。最高委员会有一些对正常世界真正感兴趣的秘密。**众所周知，早在**马可尼 "发明"无线电报之前，马志尼和派克就已经通过无线电报进行交流。最高委员会当选成员掌握的另一个令人惊讶的秘密是如何制造白银并将其变成黄金。

这个公式由一个名叫普莱斯的英国人向帕麦斯顿勋爵

（英国首相的父亲）和欧斯洛勋爵（33
度的共济会会员）演示过。普莱斯声称他从    "神灵
"那里得到了这个秘密配方。他通过在强烈的火焰上用
白色粉末熔化水银来证明他的主张。

该混合物经专家测试后发现是纯银。然后将银在火焰
上熔化，并加入淡红色的粉末。铸造了几块钢锭。始
终在场的白银和黄金专家非常仔细地检查了新产品，
并在当场测试后宣布它是纯金。这个秘密仍然被苏格
兰礼教最高委员会的当选官员深深隐藏。至于普莱斯
，据说他是 "喝氰化物自杀的"。

它真的是自杀还是中毒？普莱斯在向帕麦斯顿勋爵证
明他的要求时是否犯了一个致命的错误，这似乎很有
可能。普莱斯的死不应该令人惊讶，因为共济会的追
随者一直是破坏者而不是创造者。

美国的钢铁业见证了这一点。吉多-
科隆纳伯爵在美国并不是一个家喻户晓的名字。在数
十万失业的钢铁工人中，很少有人会听说过他。这个
科隆纳是一个黑人贵族的共济会成员，他与法国黑人
贵族成员达维尼翁伯爵合谋破坏美国的钢铁工业。这
一阴谋的成功可以从遍布北方各州的生锈的、沉默的
钢铁厂来判断。谁下达了进行拆迁计划的命令？

答案是圭尔夫家族，也就是更著名的温莎家族。圭尔
夫家族是全世界寡头政治的基石。

如果我们真的要阻止我们的工业遭到破坏，我们必须
从最高层开始，从通过共济会的苏格兰仪式运作的Gu
elphs，特别是英国Guelphs。在对

"美国经济出了什么问题

"的研究中，这个古老家族的独特重要性被完全忽略了
。

温莎家族统治着英国和加拿大，这不过是他们的个人
领地。温莎家族的力量在于他们对世界原材料的控制
，以及他们使各国失去这些原材料的惊人能力。如果
**你做一点研究，你会**发现他们在加拿大用木材、石油
和毛皮来做这个。

在南非，它是通过小偷奥本海默-
英美公司获得的黄金和钻石；在津巴布韦（原罗得西
亚），它是通过英国女王伊丽莎白的一个表亲拥有的
公司Lonrho获得的铬矿（世界上最纯净的铬矿）；在
玻利维亚，它是通过力拓公司获得的锡。
更多细节见《300人委员会》）。

温莎家族（Guelphs）并不**关心**谁在一个国家拥有政治
权力。除了俄罗斯之外，所有的官员对他们来说都是
一样的。他们仍然保留着对大多数国家的自然资源的
控制。菲利普亲王领导着各种                    "环境
"组织的运作，这些组织都是为了防止          "外国人
"进入温莎的原材料储备而精心伪装的工具。这位
"保护主义者"，世界野生动物基金会的主席，对在一
个周末射杀1000只野鸡毫无顾忌

由于汉布罗斯集团的存在，温莎的收入达到了数十亿
美元。汉布罗斯集团通过共济会的股票经纪人网络保
持其强大的地位。由共济会经营的其他公司有。谢尔
森公司、**运通公司**、贝尔斯登公司和高盛公司，都在
汉布罗斯集团的旗下，而汉布罗斯集团最终由威尼斯

黑人贵族的温莎-盖尔夫家族控制。

圭尔夫家族与共济会的关系已有数百年的历史。他们与英国的联系始于1293年威尼斯人的科索-多纳蒂王朝。

# 第十三章

## 美国内战是共济会的杰作

从**开始到**结束，可怕的美国内战是共济会的杰作。由于明显的原因，共济会对它的描述并没有出现在我们的任何历史书中。没有加入殖民者反英战争的英国人家庭在新斯科舍省定居，他们在整个美国革命期间从那里**帮助英国人。后来**，**他**们回到美国，继续发扬传统，协助英国共济会对美国共和国的阴谋，最终导致了内战的爆发。

在这场残酷的灾难中，美国损失了50万人，比我们在**两次世界大**战中的损失加起来还要多。内战是英国-欧洲寡头共济会的阴谋，目的是将国家分裂成交战国家，然后夺回他们在美国革命中失去的东西。在这一努力中，他们得到了许多                    "美国"叛徒的有力支持。如果没有美国爱国者克莱和凯里的杰出工作，邪恶的自由主义当权派可能会成功，美国今天也不会存在。

我们必须从历史中吸取这一教训，即使它没有出现在历史学家查尔斯-比尔德的作品中。共济会在与殖民者的战争中失败后从未放弃过。事情在1812年出现了转机，在此期间，英国海军扣押了美国船只并监禁了数千名美国水手。当时的基辛格说美国对此无能为力，他们是对的。瑞士共济会的死敌加勒廷削减了我们的国防预算，使我们没有真正的海军。在不到150年的时间里，英国在年轻的共和国手中吃了两次败仗，于是再次与美国翻脸，向苏联出售他们的德温特离心流喷气发动机，用于安装在米格15战斗机上，这些飞机被用来轰炸和扫射驻朝鲜的美军。如果没有德温特发动机，苏联人至少要花15年时间才能制造出喷气式战斗机。

正如今天我们中有些人对美国和英国之间的 "特殊**关系**"深表怀疑，因为他们看到了这种关系对我们国家的影**响，所以在埃塞克斯**联盟的时代，有一些爱国者看穿了英国共济会的阴谋和计划。他们试图揭露迦勒-库欣和约翰-斯利德尔的背叛行为。

他们对当时的                              "自由贸易"经济政策提出警告，这些政策正是我们允许米尔顿-弗里德曼向 "保守派 "里根政府推销的。

自由贸易是英国共济会编造的一个阴谋，目的是破坏我们的经济。现在是时候拉开与苏格兰仪式有关的奸诈的威尼斯黑人贵族的历史帷幕了，如海盗萨姆和乔治-**卡伯特以及皮克林家族，他**们从鸦片和奴隶贸易的双重苦难中发了财。

麦乔治-邦迪的祖先是奴隶贩子。正是共济会员约翰-雅各布-阿斯特使皮克林家族进入了利润巨大的中国鸦片贸易。需要告诉大家关于英国东印度公司、洛林、亚当-斯密和大卫-休谟内部扭曲的整个毒蛇巢穴的真相。在美国革命期间，正是洛林偷了被英国人俘虏的美国人的口粮，然后他把这些口粮卖给了英军，获得了巨大的利润，让美国囚犯在可怕的囚船上挨饿。

当我第一次读马修-
凯里的《橄榄枝》时，我简直不敢相信我所读到的东西。但多年来，我发现凯里说的一切都是真的。

我推荐的**另一本**书是《马萨诸塞州的著名家族》。这些著名的家族包括洛林家族、皮克林家族和**卡博特家**族的后裔，他们是最初由法国寡头卡博特和瑞士人普雷沃斯特在这个国家建立的共济会网络的后代。

东海岸的亲英派自由派是这种事情的根源。我可以不停地讲述家族的名字和他们的历史，这些都是为了隐瞒而进行的。他们通过共济会的苏格兰仪式对欧洲和英国的王室和寡头们表示忠诚。他们可能成功地否认自己的历史，但这并不能改变他们与共济会阴谋中心的密切联系已被证实的事实。

今天，他们与巴黎的七姐妹会有间接联系。这家旅馆经营着一个庞大的毒品走私活动，深入到
"欧洲的王室成员
"的心脏。他们像瑞士银行联盟的苏格兰礼节负责人罗伯特-霍尔兹巴赫一样，认为
"主权不能替代偿付能力"。

换句话说，金钱的力量超越了一切考虑。霍尔茨巴赫是使旧世界与年轻的美国共和国对立起来的金钱力量的典型代表。霍尔兹巴赫与意大利共济会P2分会密切合作，该分会是为争取萨沃伊家族重返意大利王位而

设立的。由于苏格兰的Rite-
P2网络，没有人的隐私得到保护。美国政府在这些圈子里有其**关系。你在瑞士**银行的编号账户可能已经被美国政府或任何其他有**关方面知道**。这一点是众所周知的，这就是为什么那些有资金需要隐藏的人不再接近瑞士的银行。

那些属于美国**圣公会的人要知道，你们**的大主教罗伯特-
伦西是共济会苏格兰仪式最高委员会的成员。如果他不是这样，他就不会被伊丽莎白-圭尔夫          "批准"为大主教。朗西是伊丽莎白女王和世界教会理事会的个人联络人。

苏格兰礼教对我们过去的历史和每届美国政府作出的国内和国外的重要决定所产生的巨大影响，可以用对国家最佳利益的损害来衡量。就像它负责策划内战一样，共济会的苏格兰仪式正在策划第三次世界大战。如果我们不对管理美国事务的强大力量进行评估，无论谁占据白宫，我们都没有希望打击敌人。挫败苏格兰礼节叛徒计划的唯一方法是揭露他们的活动。

为了做到这一点，我们的爱国者必须了解苏格兰仪式，甚至所有的共济会所代表的东西，即推翻现有秩序，摧毁民族国家，特别是那些具有共和制宪法的国家，摧毁家庭和摧毁基督教。我很难将这一信息与我所做的**关于寡**头家族和王室对我们事务的影响的信息分**开。我建**议你也买一本《*造王者和破王者：塞西尔家族*》，并将其与这本关于共济会的书结合起来使用。

# 第十四章

## 阴谋：一个世界政府

在一个像统称为自由共济会和其他各种名称的秘密社团这样庞大的主题上，不可能详尽地论述共济会的起源。因此，本书的目的是提供材料，通过强调这些破坏性的撒旦事件与共济会之间的联系，帮助你更好地理解目前正在震撼世界的经济和政治事件。请耐心等待，不要在这里停下来给我写信，告诉我你是众多共济会中的某一个成员，你知道共济会是一个优秀的慈善团体，它把政治和宗教问题从其讨论和审议中驱逐出去。

问题是，低级别的共济会员从来不知道高级别的共济会员在做什么。运动结构的本质使他们无法知道。这使得高层领导在共济会的行动、目标和意图方面比较容易误导普通人。如果碰巧有一个下层的成员被吸引到高层，他就会以死亡为代价发誓保密，并且永远不向下层弟兄或共济会以外的任何人透露他所知道的情况。这个沉默的誓言被非常严格地执行着。我将尽量避免提及与共济会有关的许多邪教和宗教信仰，而坚持讨论英国和美国共济会的各个方面。

根据大多数相**关**权威人士的说法，英国共济会成立于1717年，是操作性或工作性共济会的行会，并向所谓的投机性共济会，即非工作性共济会敞开大门，从而创造了一个名为英国大联盟的联合运动。在1717年之前，古老的共济会已经存在了许多个世纪，但我重复一遍，他们并不是一支政治力量。他们只关心做自己的生意，以封闭式工场的形式靠自己的手艺和/或职业谋生，也就是说，他们保护自己的秘密不被外界渗透。

第一批共济会员，也就是1717年之前，只有三个学位--学徒、研究员和共济大师。合并时，共济会允许发生巨大的变化，首先是基督教上帝的名字从仪式中被删除，蓝色共济会，因为它被称为，在当时几乎是一个新的**运动**，这结束了与共济会的合作。简而言之，不活跃的投机性共济会完全接管了，古老的秩序从现场消失了。

从这个新的秩序中诞生了一个新的好战和革命的共济会秩序，称为苏格兰仪式。在禁止大东方会，即欧洲共济会的仪式的同时，英国共济会并没有禁止苏格兰仪式，这种革命性的仪式像一种致命的病毒，控制了英国和美国的所有共济会细胞，进入了社会所有权力杠杆的驾驶座。

英国共济会的大多数成员仍然停留在第三等级，一般不知道在更高等级中以其名义犯下的罪恶。到了第九度，苏格兰礼教共济会的革命性质就会暴露在合格的候选人面前，因为这是它的最终目标：通过共济会颠覆国家，正如33
度所教导的那样，这也是为什么许多33
度的共济会成员负责解散许多国家的现有政府。

例如，在法国和美国革命中，在**两国**战争中，以及最

近在津巴布韦，一位33岁的
度的共济会员索玛斯勋爵在 "多数人统治
"的欺诈性术语下将津巴布韦出卖给了共产主义暴君，
以及在英国和美国掌舵的共济会员对南非的完全投降
中。

索玛斯是英国首相、共济会员迪斯雷利描述的那些
"坚定的共济会员
"之一，他在专门谈到苏格兰仪式和大东方会的时候说
。

> 我们必须考虑到秘密组织，它们可以在最后时刻转移
> 所有的措施，它们到处都有代理人，有决心的人鼓励
> 暗杀，等等。

这听起来当然不像是共济会所宣称的慈善团体，事实
上，它也不是。问题来了：我们到底为什么要有秘密
社团？美国是建立在基督教原则基础上的，这些原则
**明确指出**
"人们宁愿选择黑暗，也不愿选择光明，以便使他们的
恶行变得黑暗"。我相信，这就是秘密社团的真正原因
；从根本上说，他们的行为是邪恶的。对于保密的需
要，没有其他解释!没有必要纠缠于管理法国大革命的
秘密社团。今天，所有的历史学家都认为那是共济会
的雅各宾俱乐部。

以下是苏格兰礼仪最高委员会的一位非常了不起的大
法师多米尼克-
安格在向即将获得学位的新晋共济会员确认33
度时所说的话。

兄弟，**你已**经完成了作为共济会领袖的训练。发出你的最高誓言。我发誓，除了世界的祖国，我不承认其他的祖国。我发誓在任何地方，永远致力于摧毁所有国家、所有行业以及所有家庭的边界和界限。我发誓将我的生命献给进步的胜利和普遍的统一，我宣布我宣称对上帝的否定和对灵魂的否定。而现在，兄弟，对你来说，国家、宗教和家庭已经永远消失在共济会的浩瀚工作中了，请到我们这里来，与我们分享无边的权威，我们对人类拥有的无限的力量。进步和幸福的唯一**关**键，善的唯一规则是你的食欲和本能。

简而言之，这就是主导美国共济会的苏格兰礼节共济会的本质。关于共产主义、共济会和耶稣会最有趣的一点是，它们在历史上都有一个著名的人物将它们联系起来--**卡尔-**
马克思，这个人声称魏索普特的教义是他最初的
"宣言"。

马克思一生都在激烈地（而且经常是暴力地）为耶稣会士辩护。马克思是建立这种联系的人。马克思还热衷于支持共济会这个秘密社团，我认为这是一个被几乎所有历史学家            "忽视"的重要环节。这种忽视是一个蓄意的过程。不可否认的是，社会主义被用来促进一个世界政府的目标，有趣的是，公**开憎恨宗教的**马克思如此热情地拥护耶稣会主义。

伊格内修斯-
罗耀拉于1541年4月5日创立了耶稣会，随后得到了教皇保罗十一世的认可。该组织有点像共济会，因为它由六个等级或学位组成，该组织的负责人以其军衔著

称，即将军，他要求所有耶稣会士绝对和毫无疑问地效忠，反过来，他在所有事务上对每个耶稣会士拥有绝对权力。将军有权公开或秘密地接纳非本会会员的人。上司和校长必须每周向总局报告与他们有关系或接触的所有人员的情况。耶稣会是教皇的强大反击力量，他们从不犹豫地使用这种力量，例如在宗教裁判所的情况下，耶稣会尽可能地与之保持距离。教皇总是以怀疑的态度看待耶稣会，以至于在1773年禁止了该组织。普鲁士的腓特烈二世无视教皇，为了自己的利益而保护耶稣会。

如果有读者反对把耶稣会和共济会联系起来，请允许我在这里说，在这个问题上最好的权威之一可能是赫克托恩，我将引用他的话。

> 共济会和耶稣会的学位之间有很大的相似之处；耶稣会也是踩着鞋子，裸着膝盖，因为伊格内修斯-洛约拉在罗马这样介绍自己，并要求确认该会。

他们不满足于忏悔、布道和教导，通过这些方式获得了空前的影响力，1563年他们在意大利和法国成立了几个聚会点，即在地下小教堂和其他秘密场所的秘密聚会。**种族隔离主**义者有一个教派组织，有适当的教义和手册，在死前不得不放弃，这就是为什么留下的副本很少。

耶稣会试图通过大力支持卡尔-马克思等革命人士来帮助新世界秩序，而卡尔-马克思又如我前面所说的那样，激烈地维护耶稣会。其他为耶稣会和共济会辩护的知名人士有：被用来宣传虚假经济理论的英国东印度间谍头子亚当-

斯密，以及他的同谋托马斯-
马尔萨斯。两人都是煽动法国和美国革命的谢尔本伯
爵（Scottish                                                    Rite
Mason）的门生。事实上，所有这些人，包括马克思
，所捍卫的是封建主义，而封建主义被美国革命永远
摧毁了。

杰里米-边沁（Jeremy                     Bentham）是阿尔伯特-
派克（Albert
Pike）那样的崇拜魔鬼的撒旦主义者，他反对共和主
义，今天所有的共济会和耶稣会的阴谋家都反对共和
主义。在边沁时代统治世界的地主阶级家族看到了通
过共和政体给人带来的自由的危险，因此他们开始利
用一切可以利用的手段，使美国革命带来的巨大利益
失效。这种与共济会的斗争一直持续到2009年的今天
，但现在已经进入最后阶段。重要的是，"一个世界秩
序
"阴谋的领导人主要是共济会员，在某些情况下，像布
热津斯基这样的耶稣会会员，他也是水瓶座。(Aquaria
n
Conspiracy的成员)他们是推翻美国共和国斗争的先锋
，这是欧洲的黑人贵族和美国的所谓贵族绝对讨厌的
东西。

黑人贵族的家庭生活在意大利（威尼斯、热那亚和佛
罗伦萨）、瑞士、大不列颠和巴伐利亚。这里是他们
主要成员的所在地，自14世纪以来，各种危害人类的
罪行都是从这里策划和实施的 。

# 第十五章

## 卡尔-马克思的概述

卡尔-
马克思实际上是这些前寡头之一的创造者，并宣称苏联是一个寡头政治。这些寡头国家包括美国，他们宣布共和主义是一个致命的敌人，要用一切可用的方法来消除。

尽管派克宣布自己完全反对具有民主原则的共和制度。这些方法之一是宗教狂热主义，与邪教和宗教团体的**渗透有关。而且，他**们想看到的不仅仅是共和党的政府形式被摧毁。他们希望看到整个美国恢复到封建制度，东方当权派的 "贵族 "拥有充分的独裁权力。

在美国的 **阴谋文化**
"中，我没有遇到一个作家能令人满意地解释封建主义。那些就这个问题写文章的人只是表明他们缺乏对其真正含义的了解。正是本着这种精神，我冒险对封建主义进行扩展，因为它与共济会有直接关系。

在统治欧洲几个世纪的黑暗时代，个人是毫无防备的。保护生命是主要因素，人们承诺完全服从于他们中最强壮的人，作为回报，他们保护自己不受那些掠夺他们的人的侵害。强壮的人把自己许配给更强壮的人，封建制度由此诞生。男子报名参加强势集团的军队，在规定的时间内服役--例如**每年**50天。

这导致出现了一个成为贵族的武士阶层。他们需要武器、马匹和坚固的地方来保护自己，这要归功于 "免费"劳动力。坚固的广场从栅栏演变为坚固的石头建筑，其设计和执行都很有气势。

石匠、泥瓦匠、铁匠和金属工人都被期望免费提供他们的劳动来建造这些超级结构。财富的主要来源是土地和耕**种土地的人的**劳动，以生产转化为财富的商品。几个世纪以来，农奴的状况变化不大，有些人逐渐成为佃农，同时向庄园主付款。没有庄园主的允许，他和他的家人都不能结婚，这通常意味着要交税。他从来不是一个自由人。

阻碍他自由的永远是法律，它迫使他留在原地。换句话说，他不被允许移动。他死后，他最好的农场动物归庄园主所有。阿尔伯特-
派克和他的共济会伙伴们向所有成为共济会成员的人承诺 "完全自由"。

然而，派克最亲密的朋友和合作者是朱塞佩-
马志尼（1805-
1872），这位意大利共济会领袖不能容忍工业资本主义制度。马志尼是一个撒旦教徒，同时也是一个耶稣会的牧师！他是一个很好的例子。

马志尼是欧洲青年联盟的创始人，该联盟很快在美国**开**设了一个分支机构，名为 "青年美国"。**卡尔-**
马克思是马志尼的激进共济会运动的首批成员之一，从1840年**开始，所以很明**显，共济会把卡尔-

马克思创造成一个捍卫工人的革命人物，以便把他作为棍子，把工业资本主义打得落花流水。马志尼是共济会的耶稣会支持者，他通过召集著名的共产主义共济会成员并成立激进的
"国际工人协会"，实际上启动了卡尔-
马克思反对资本主义的事业。

从那时起，卡尔-
马克思就很少逃过公众的眼睛。马克思只是在伦敦的那次决定性会议后才发展出对工业资本主义的仇恨，在这次会议上，国际工人联盟成立了，马克思在会上说。

我决心在任何地方粉碎工业资本的所有政治运动。

马克思还说。

所有的罪恶都应归咎于工业资本的发展。

马克思从未忘记宣扬这一主题。我希望读者能分辨出我们在共济会和耶稣会的两面性中遭受了多少损失。这两个运动仍然在与美国交战。

这是派克和马志尼等高级共济会员所宣布的意图的一部分；推翻现有的秩序，这是魏索普特在1776年提出的，并命令光照会进行的。"帝国主义
"这个词是在国际工人协会创造的，从1890年**开始被相**当频繁地使用。由于美国已经成为世界上最大的工业化国家，由于其令人难以置信的增长潜力，美国已经成为最令人讨厌的国家，特别是由于其独特的共和制政府形式。美国寡头的家族为维持这样的仇恨气氛做

了一切。马克思所称的 "丑陋的美国主义"的大部分内容已经在全世界范围内得到了推广。当然，没有人想到指出，列宁的思想尽可能地接近帝国主义制度，共产主义不过是一种基于寡头政治的狭隘资本主义制度。它从来不是真正的共产主义，现在也不是共产主义。这只是残酷的垄断性质的资本主义，导致权力完全掌握在少数人手中。

# 第十六章

## 回到故事中来

当我还是个年轻的学生时，我读了塔西佗写的奥古斯都-
凯撒的历史。我心中充满了好奇。我想罗马人肯定能理解他们是多么的颓废，罗马很快就会消失。为什么没有人做任何事情来阻止罗马的衰落？为什么我们美国人没有看到美国正在恶化？当然，人民必须看到，东方自由主义当权派及其与英国寡头的联盟正在毁掉这个国家？

人民是否应该意识到，我们正处于世界上有史以来最美好的共和国的最后几年？答案是，美国人民与罗马人没有什么不同。他们没有看到这样的事情!他们也不想被像我这样试图指出的人所困扰。他们说："别管我们了"。"美国不是古罗马。我们有我们的宪法。我们很强大。我们不会被打败。"

这正是问题所在。因为你，美国公民，有一部宪法，东方当权者把你看作是一个威胁，它必须夜以继日地消除。而我们的宪法，即《圣经》之后最伟大的文件发生了什么？它已经被践踏和搁置了!

我要坚定地说，我是唯一一个提请注意福克兰群岛战争和东方当权派之间的联系的人。我也是第一个，而

且在很长一段时间内，唯一一个写罗马俱乐部、费利佩-
冈萨雷斯、全球2000年报告和多元文化的人，比如新水星时代。今天，这些名字在许多右翼出版物上发表，但近十年来，**关于**这些名字的唯一信息来自我的档案。

福克兰群岛战争是一场为英国黑人贵族和英国女王伊丽莎白-
盖尔夫而进行的战争。美国无权帮助这些真正自由的敌人战胜阿根廷人。然而，我们在武器和救济系统方面向英国人提供了一切可以想象的支持。这样做，我们弄脏了自己的窝，不知道约翰-昆西-
亚当斯写了著名的门罗主义来防止这种事件。

长期以来与英国同行有联系的东方实权派统治阶级确实通过支持英国侵略者而撕毁了门罗主义，事实上他们声称，以他们对我们共和国的仇恨，他们知道如何处理门罗主义这样的文件，在福克兰群岛战争期间，在                                                            "保守派
"里根总统的主持下，他们就是这样做的，把蔑视和嘲弄倾注在门罗主义的页面上。

在对门罗主义大加嘲讽的同时，美国人民和他们伟大的共和国的敌人--
东方当权派也否定了1812年美国小而不强的海军对英国的胜利。这一伟大的美国海军胜利发生在瑞士出生的叛徒加勒廷（财政部长）尽其所能阻止美国海军的建设之后。加拉廷为英国、瑞士和热那亚的黑人贵族及其租界银行家家族服务，尽其所能扼杀和扼杀年轻的美国共和国。加拉廷与约翰-昆西-亚当斯和本杰明-

富兰克林完全相反。

当约翰-昆西-
亚当斯和富兰克林为美国服务时，加勒廷为英国、威
尼斯、热那亚和奥地利的旧封建家族服务，与威尔逊
、豪斯、罗斯福-
史汀生、诺克斯、布什和克林顿等总统为阴谋家服务
的方式完全相同，因为他们致力于推翻美国共和国，
支持一个专制的、拥有奴隶的单一世界政府。

让我们回到1812年的战争。由于英国军舰及其代理人-
-
巴巴里海岸海盗对其商船队实施的极端野蛮行为，美
国最终向英国人宣战--
但不是向东方当权者宣战。小小的美国海军最终打败
了强大的英国海军。最后，随着和平的恢复，《友好
、航行和商业条约》将福克兰群岛割让给西班牙，然
后又割让给阿根廷。

因此，阿根廷人对福克兰群岛拥有合法所有权。然而
，乔治-布什、乔治-舒尔茨和亚历山大-
海格这些东方当权派的仆人却无视那些勇敢的美国人
的记忆，他们第二次打败了英国人，并通过帮助英国
人入侵福克兰群岛的背叛行为，撕毁了门罗主义，再
次将美国奴役于英国和欧洲的封建势力。而正是里根
总统主持了这场亵渎行为。

是的，我们已经痛骂了我们的英雄政治家约翰-昆西-
亚当斯和门罗总统的名字。我们不仅允许一支好战的
英国军队进入我们的半球，还帮助他们打败了一个与
我们签订了条约的友好国家。如果有人仍然不相信英

国人控制了美国，我敦促**你不仅**要仔细重新考虑他们对阿根廷所做的事情，还要考虑他们对我们自己的国家--

美国所做的事情。那些对违反门罗主义负有责任的人本应以叛国罪受审，如果被认定有罪，则应受到惩罚。

当他们让英国人进入我们的半球时，他们背叛了美国共和国所代表的一切!这就是所发生的事情。有谁能看到发生了什么？有人能阻止它吗？我们是否像罗马人一样盲目？

**第二种情况的答案是，在美国没有人，包括我**们的总统，有足够的力量阻止巴比伦的妓女，东方实权派的金钱势力，完全按照她的欧洲主人的命令去做！这就是为什么我们要在美国建立一个新的国家。我们正被一个快速上升的潮水带着，被快速推向致命的一天，届时我们将被一个世界政府所淹没。这股狂飙突进的浪潮是无法阻挡的。即使是像我这样多年来一直在写这方面的文章并清楚地知道正在发生什么的人，也无法阻止悲剧的发生。如同罗马衰落一样，美国也将衰落。

我们正在进入我们共和国的最后几年。但很少有人觉察到，正如塔西佗所说，凯撒-

奥古斯都和其他人都没有注意到罗马正在衰落。

我们衰落的主要设计师是耶稣会共济会，以及他们与美国东部当权派和英国、威尼斯、热那亚和瑞士黑人贵族的交织联系。撒切尔夫人和亨利-

基辛格通过与莫斯科的秘密交易背叛美国的阴谋证明

了这一点。

如果**你**认为我相信东方当权派和苏联之间存在秘密协议是无关紧要的，让我告诉你，美国共和国历史上最**糟糕的叛徒之一**，**麦克**乔治-邦迪，一个所谓的　"蓝血"叛徒。在与克格勃特工阿列克谢-哲门-格维夏尼的合作下，建立了最早的此类研究所之一，即国际应用系统分析研究所，而后者恰好是已故总理阿列克谢-柯西金（1904-1980）的女婿。麦乔治-邦迪是马尔萨斯共济会致命学说的坚定支持者，该学说目前正在扼杀西方国家的经济。麦乔治-邦迪和柯西金一样，都是共济会苏格兰学团的成员。

麦乔治-邦迪在反对美国为实现与苏联的核平等所做的一切努力中发挥了主导作用，并与帕格沃什裁军会议的参与者（他们几乎都是共济会员）一起，对美国的国防能力造成了不可估量的损害。与基辛格一起，邦迪与普格沃什的SALT发起人结盟，他知道这些人最终会削弱美国。

麦乔治-邦迪和基辛格都向那些在美国革命和1812年战争中与华盛顿作战的瑞士、德国和英国黑人贵族家族出卖，甚至黑人共济会贵族还在继续与美国共和国作战。

麦乔治-邦迪、基辛格、哈里曼、洛克菲勒、**卡博特、洛奇**、布什、柯克兰（现任工会领导人，他的曾曾祖父在萨姆特堡打**响了第一**枪，开始了对共和国的破坏）、洛厄尔家族、阿斯特家族以及所有东方实权派家族的反共和主义信仰和想法是从哪里来的？

这个问题的答案很简单：谢尔本伯爵（William Petty, 1737-
1805），英国特勤局的负责人和间谍大师，也许最重要的是，他是狂热的、极端秘密的苏格兰共济会的负责人！他的名字是
"谢尔本"。在这方面，我们再次看到共济会不仅在塑造美国的事务方面，而且在整个世界走向一个名为
"世界政府 "的社会时，发挥了至关重要的作用。

这个主谋，这个谢尔本是谁，他统治着波士顿、日内瓦、洛桑、伦敦、热那亚和威尼斯那些受人尊敬的
"老钱
"家族的心**灵、思想和哲学，**他们通过鸦片和奴隶贸易变得无比富有：我指的是威廉-
皮特、马莱和斯伦贝格家族。谢尔本肯定主宰了整个东方自由主义当权派和其他很多很多所谓的著名和有
**影响力的家族的心和脑**。

我在大约二十年前的写作中第一次提到谢尔本勋爵。当时，没有任何右翼出版物或作者提到过领导反对美国革命的英国专制蓝血人。

谢尔本首先是一个苏格兰仪式的共济会员，与英国、法国和瑞士的耶稣会有密切联系。他不仅是英国首相威廉-
皮特的控制人，也是恐怖分子丹东和马拉特以及以亚伦-
伯尔为首的东方当权派叛徒的控制人，同时也是英国东印度间谍转为经济学家的亚当-

斯密以及马尔萨斯的控制人，他的错误概念的浪潮正将西方的经济拖入灭亡之中。

# 第十七章

## 歇尔伯恩的首席共济会员

谢尔本勋爵是做得最多的人，他破坏了人类因15世纪的文艺复兴而获得的利益，也是最背叛基督所教导的基督教理想、我们的社会和道德政治理想以及宪法中所体现的个人自由概念的人。

简而言之，谢尔本是革命、奴隶制和导致一个世界秩序的新黑暗时代的准历史之父。谢尔本憎恨并厌恶文艺复兴。他绝对是特殊利益集团的粉丝，他们认为普通人在地球上只是为了服务上层社会，而谢尔本就属于上层社会。他还憎恨工业资本主义，是封建主义的热心支持者，是卡尔-马克思学习的几乎完美的榜样。

此外，正是威廉-佩蒂在伦敦创立了被诅咒了三次的皇家学会，它是控制美国外交政策的皇家国际事务研究所的前身，即纽约的外交关系委员会。伦敦的皇家学会及其后代皇家国际事务研究所和纽约的外交关系委员会都是基于共济会学者罗伯特-弗劳德和耶稣会玫瑰十字会的著作。

控制皇家学会的其他共济会员是埃利亚斯-阿什莫尔和阿克顿勋爵，他们都是共济会领导层中非常高的人。这些人一起或分别控制了英国首相威廉-皮特和约翰-斯图尔特-

米尔、帕麦斯顿勋爵以及后来的威尔斯和约翰-
罗斯金（罗斯金是塞西尔-罗德斯和阿尔弗雷德-
米尔纳勋爵的导师）等人的行动，以及在臭名昭著的
法国大革命爆发时领导雅各宾派的共济会。

正是米尔纳勋爵发起了野蛮的布尔战争，将英国军队
的力量投向布尔农民的小共和国。他和谢尔本一样，
痛恨共和主义。这些共济会的知名人士在各国造成了
难以计数的破坏、苦难、痛苦和经济混乱，但我们不
要忘记，是谢尔本伯爵威廉-
佩蒂的教诲启发了他们，使这一切成为可能。

我们也不要忘记，威廉-
佩蒂，谢尔本伯爵，我重申，首先是一个共济会员。3
3个
度的共济会仪式教导人们没有上帝，但讲了很多古代
邪教的内容。美索不达米亚和埃及是这些邪恶崇拜的
土地，由西方的谢尔伯恩伯爵报告，罗马俱乐部和今
天的水瓶座都是以其为蓝本，自古以来就存在。他们
对一个母亲毫不关心，也不怜悯，因为她的孩子被巴
力的祭司从她身边夺走，在莫洛克的铁臂中被活活烧
死，作为纪念他的祭品。

这些被称为 "狩猎和采集协会
"的组织，今天仍然存在于一些共济会组织中。不要搞
错了，这些邪教是所有邪恶的化身，如欧洲皇室的强
大首脑所属的狄俄尼索斯邪教、玛格纳玛特、伊希斯
、阿斯塔特、邪恶、卑鄙的迦勒底邪教，以及路西法
邪教或路西法信托，最近被称为卢修斯信托，罗伯特-
麦克纳马拉、赛勒斯-
万斯和东方当权者的许多知名人士都属于该信托。

(让我说，还有许多其他邪教，许多高级共济会员都属于这些邪教--那些与一个世界政府秩序有**关的邪教**--我将在继续讨论这些问题）。

但在我详述现代共济会为实现世界新秩序--奥古斯都时代的乌托邦所做的事情之前，我想回顾一下美国革命、美国之间的战争（俗称内战）的共济会历史人物，然后继续到更近的时代。

我希望向**你**们表明，250多年来，对美国共和国的仇恨红线一直贯穿我们的历史，而且这种仇恨今天比以往任何时候都要强烈，因为在新的黑暗时代的黄昏黑暗地笼罩地球及其所有剩余居民之前，美国进入了其最后阶段。

在讨论这些细节之前，请允许我说，对基督教的仇恨在2008年甚至比中世纪还要强烈。值得一提的是，今天东方当权派共济会叛徒的目的和目标与国际社会主义的政策几乎没有区别。"我们的
"叛徒总是与他们在威尼斯的同行们合作。事实上，正是美国的                                            "蓝血人
"和那些与欧洲的黑圭尔夫派结盟的人，特别是苏格兰礼教共济会的阿尔弗雷德-
米尔纳勋爵，创造了弗拉基米尔-列**宁**。

正如我先前所说，布尔什维克革命不是一个成功推翻和奴役一个大国的不起眼的**运**动。相反，它是共济会策**划**和谋划的结果，这始于1776年耶稣会士亚当-韦肖普特领导的反对天主教会的战争。使俄罗斯共产化的**阴**谋不仅来自于西方，而且实施这一阴谋所需的巨大财富也来自于西方。

相比之下，当美国殖民者**开始**为摆脱乔治三世强加的奴役枷锁而斗争时，除了他们自己，没有人支持他们。加拿大的天主教会由耶稣会主宰，包括许多共济会员，在1776年战争期间在背叛美国事业方面发挥了关键作用，他们帮助了美国前副总统亚伦-伯尔这个叛徒，他让我想起了我们过去的许多总统。

正是天主教耶稣会安排了伯尔的旅行，以便他能够为英国人做间谍。由英国、瑞士和热那亚国家元首派往美国的**另一个人物是阿尔伯特**-加勒廷，他是一个共济会员，努力进入新国家的权力结构，并着手从内部摧毁它。他今天的同行是保罗-沃尔克，在美国历史上最动荡的时期之一的前美联储主席，现在，在2009年，是奥巴马总统的经济顾问。

威廉-谢尔本（William Shelburne），共济会大师、间谍大师和法国大革命的**策划者**，协调所有参与斗争的人的活动，以便在危险的新美国共和国成为世界的典范之前将其铲除。这些敌人中包括大陆会议委员会的罗伯特-利文斯顿。谢尔本安排他的大团长威廉-沃尔特（1783年在英国军队中）将领先苏格兰礼节共济会的头衔传给新任大团长利文斯顿。

利文斯顿被推举为纽约大联盟的大总管，他在这个位置上继续为伦敦-威尼斯-热那亚-日内瓦家族工作，这些家族至今仍控制着世界上的主要财富。在这个邪恶的圈子里，有参议员希尔豪斯、皮克林、特雷西和普卢默，他们都是共济会员，在试图说服他们所在的州脱离联邦方面发挥了主导作用。正如我所说，他们都是共济会员，他们的知己和阴谋的共同策划者，**英国**驻美国大使安东尼-玛丽也是如此。当共济会大师伯尔因为为英国人夺取路易斯安那的**阴**谋失败而被揭露为叛徒时，他逃到了他在英国的共济会朋友那里，就像罗伯托-**卡**尔维逃到了他在英国的苏格兰礼节共济会朋友那里一样。然而，与被他所谓的 "朋友"谋杀的卡尔维不同，伯尔受到了谢尔本伯爵的英雄式欢迎。顺便说一下，是约翰-雅各布-阿斯特为伯尔的旅行支付了费用。阿斯特完全同意谢尔本的观点，即对撒旦迦勒底邪教的崇拜，这个邪教非常强大，在历史上的某个时期，它将整个波斯帝国牢牢控制在手中。迦勒底邪教在基督教**圣**经中受到广泛谴责。

英国、热那亚、威尼斯和瑞士的家庭都是那些带领共济会谢尔本粉碎年轻的美国共和国的人的后代。被鸦片贸易玷污的家族，如马莱、皮特、邓蒂斯、加勒廷，以及美国的利文斯顿、皮克林，再加上哈佛大学的叛徒窝，构成了东方实权派自由主义者及其前身的核心，他们仇恨美国，完全打算粉碎它，正如谢尔本250年前指示他们做的那样。

在这项事业中最执着的人之一是英国 "经济学家"和主要的共济会员托马斯-马尔萨斯。正如马克思是由欧洲耶稣会-共济会的阴谋创造的，他们也创造了马尔萨斯。

马尔萨斯是为英国东印度公司服务的间谍，该公司是英国的殖民组织，负责收集原材料和清算资产，相当于今天的国际货币基金组织。但马尔萨斯赖以成名的错误经济前提实际上是由另一位共济会员写的，他是威尼斯奥特斯银行家族的奥特斯伯爵。

威尼斯黑人贵族被美国人本杰明-
富兰克林的活动所激怒，委托并付钱给共济会员奥特斯，让他写一篇驳斥富兰克林的作品。从本质上讲，富兰克林支持《圣经》中关于多产和繁殖的禁令。富兰克林认为，经济繁荣将来自于人口的增加。黑人贵族具有                                  "狩猎采集者"的心态，他们认为只应该保留一部分普通的牛群为其服务。

他们相信种族灭绝，而罗马俱乐部正是从这一点出发，提出了全球2000年议程的想法。奥特斯代表    "贵族"家族所写的文章非常反美、反富兰克林，他的思想被其他共济会员，如首相威廉-
皮特，以及后来的马尔萨斯所采纳、发展和延伸，因为他得到了苏格兰礼教共济会员谢尔本勋爵的奖学金和指导。马尔萨斯接着写了他的《论人口》一书，与富兰克林的工作直接相抵触。

# 第十八章

## 马尔萨斯和本杰明-富兰克林

马尔萨斯痛恨本杰明-
富兰克林的工作，而富兰克林也被列入这份叛徒名单
的家族所鄙视，"*美国的60个家族*"，由共济会会长弗
雷德里克-伦德伯格出版。

这些家庭认为他们是美国的终极。他们认为自己有固
有的权利来决定谁生谁死，决定美国的命运。

这60个家庭的后裔为摧毁美国共和国并粉碎其所有残
余而努力奋斗。他们的前辈今天也在做同样的事情，
继续他们祖先的工作。如果我们要生存下去，就必须
从美国的身体中切除这个教派的脓肿，而且越早越好
。

我所接触的大多数美国人对我们在福克兰群岛战争期
间所遭受的屈辱和耻辱的程度知之甚少，我们通过伊
拉克战争的堕落继续遭受这种耻辱，这是很正确的。
我们应该站出来对英国共济会说："不，我们永远不会
背叛对一位伟大的美国爱国者的记忆。相反，我们允
许美国和英国的共济会员践踏约翰-昆西-
亚当斯的坟墓，在他的墓碑周围举行他们的胜利仪式
。我当时为福克兰群岛的背叛感到悲哀，现在我在200
9年也是如此，因为我们的荣誉在伊拉克战争中遭到了

背叛。这是我们历史上最黑暗的一页。我们决不能忘记它。我们必须努力把寡头家族和美国命运的控制者从福克兰群岛驱逐出去，并把它们归还给它们的合法主人--

阿根廷人民。在1812年战争前被英国海军俘虏和奴役的美国舰队的2万名水手的记忆得到报复之前，我们决不能休息。

只要我们允许英国 "贵族家庭"统治福克兰群岛，我们就永远不能再崇尚一位伟大的美国人约翰-昆西-

亚当斯的名字和记忆。除非我们这样做，否则我们将不敢自称是一个敬畏上帝的基督教国家。最让我们恼火的三个背叛事件是福克兰群岛、南非和津巴布韦。在这些罪行的肇事者不受惩罚之前，我不能休息；这些罪行是由共济会运动的强大分子策划和实施的，并由他们在美国政府的美国仆人执行。

正是
"60家族"，也就是今天东海岸自由主义者的祖先，与美国革命和共和主义作斗争，并在随后的岁月里策划和带来了一个又一个悲剧，其中最重要的是撒旦主导的、邪教领导的联合国。正是这些家族及其前身给我们带来了共济会、诺斯替主义、婆罗门教、光照派、伊希斯、奥西里斯和狄俄尼索斯的邪教，而不是基督的纯正福音。

这些都是自由派的成员。这些人给了我们古老的、被接受的地下共济会的苏格兰（美国）仪式，该仪式在1929年才正式成立，但实际上成立于1761年，因此在其对年轻的美国国家的战争中非常活跃。顺便说一下，著名的历史学家昆斯伯勒夫人指出，这些仪式是基于古代**卡巴拉学的起源**。

详细研究共济会的人阿尔伯特-麦基说

> 共济会承诺通过由人发明、由牧师管理、由魔鬼居住的仪式来拯救人。它是地球上所有假宗教的总和和实质，最终将使它们联合起来反对基督。但共济会唯一害怕的对手是基督，他拒绝崇拜撒旦，以及他的追随者。

共济会承诺的                                    "拯救"几乎导致了1812年美国共和国的失败，并在1861年导致了可怕的州际战争，即所谓的"内战"，造成40多万人死亡，这是实权派历史学家（美国唯一允许的）从未强调过的事实。这一可怕的死亡人数超过了在第一次和第二次世界大战中丧生的美国士兵的人数！这也是美国的一个特点。仔细思考这个事实并记住它，因为我们所谓的            "历史学家"试图将这些重要的统计数据扫入地毯之下。

那么，**各州**之间这场自相残杀的战争的借口是什么？表面上看，这场战争是为了解放黑人，但现在我们绝大多数人都知道，还有其他原因。

有趣的是，北方的奴隶主家庭从他们谴责的东西中赚取财富。他们将奴隶贸易与对华鸦片贸易结合起来，牛津大学的蓝血贵族、哈佛大学的毕业生和波士顿及其周边地区的                              "贵族"家庭就是这样积累财富的，他们的后代今天仍然参与这种毒品贸易。然而，我必须抛开奴隶制、鸦片贸易

、"奥林匹亚人                    "和浸泡在毒品中的
"统治阶级"，来谈谈主要话题。

让我顺便重复一下，每一个自认为是美国精英　"皇室
"的家族都是从鸦片和奴隶贸易中赚钱的。把这句话告
诉《美国六十家》的作者，看他如何脱身！。当然，
伦德伯格先生做梦也想不到会暴露他的著名客户。我
现在想谈谈后来的内战之后的事件，这场战争从头到
尾都是由共济会的阴谋所煽动和指挥的，通过迦勒-
库欣和劳埃德-加里森等人。

毫无疑问，毁灭美国的阴谋的煽动者，最终导致美国
之间的战争，都是冲突双方的苏格兰礼节共济会。值
得顺便一提的是，刺杀林肯总统也是耶稣会-
共济会的一个阴谋。

这些与威尼斯黑色贵族家族康塔里尼和帕拉维西尼结
盟的共济会员，以及耶稣会间谍团伙，如果没有东方
实权家族和英国塞西尔家族的纵容，就不可能刺杀林
肯。因此，罗伯特-
弗劳德的耶稣会玫瑰十字会教派战胜了美国人民、他
们的宪法和他们的共和国，并乐于将刺杀总统作为他
们的 "战利品 "之一。

那么，共济会阴谋破坏美国并建立一个世界政府的动
机是什么？其动机是仇恨，是对共和国理想的深刻而
狂热的仇恨，是对人们可以从农奴制和旧威尼斯、热
那亚和英国家族行使的封建权力中解放出来的想法。

在共和政体下，人们可以通过行使投票权自由地挑战
任何他们不同意的决定，这种想法对这些自封的领导

人来说是完全反感的。他们认为，正如他们仍然认为，决定普通人命运的唯一权利属于他们。这就是为什么强调个人自由的基督教是他们仇恨的目标，也是为什么这些古老的家族中有那么多的人喜欢奴隶和鸦片贸易，就像他们今天喜欢毒品贸易一样。对他们来说，人过去和现在都不过是一个单纯被剥削的奴隶。正如梅特涅亲王曾经说过的，"对我来说，人类从男爵开始"。顺便说一句，梅特涅是亨利-
基辛格的英雄和榜样。这些古老的家庭之所以能够做到这一点，是因为他们不相信真实的活神！他们不相信有一个真实的活神。诚然，他们不时地对上帝和基督教进行口头宣传，如英国王室的情况。但他们并不相信上帝的存在。

不仅如此，这股东方实权派家族的连锁力量，威尼斯、伦敦、热那亚、波士顿、日内瓦、洛桑、伯尔尼等地的耶稣会-苏格兰-
罗西克鲁亚银行家族，以一种近乎暴力的痴迷，憎恨一个基于工业增长和技术、基于工业资本主义的重商社会。

通过罗马俱乐部、Mont
Pelerin协会、Cini基金会、Bilderbergers以及三边委员会、皇家国际事务协会、对外关系委员会和Aquarians，我们看到的统一世界的阴谋的动力、存在的理由是首先破坏基督教。随后是其他宗教（尤其是穆斯林）和工业增长的结束，技术的破坏，以及回到封建主义和新的黑暗时代，所有这些都伴随着他们的计划所要求的巨大的人口减少，因为在后工业社会将不再需要数以百万计的 "无用的食客"。

我的许多                                           "第一次
"包括**关于**贝拉焦宗教间会议的工作、全球2000年报告
、**揭露最秘密的共**济会会所Quator
Coronati会所和罗马俱乐部的存在、零增长和后工业社
会；在耶路撒冷发起圣战的阴谋，首先是对岩石圆顶
清真寺的攻击。

其他**启示**包括：《谁刺杀了约翰-
肯尼迪总统》、《P2共济会的阴谋》、《谁杀害了教
皇约翰-保罗一世》、《罗伯托-
卡尔维的谋杀》以及海格在以色列入侵黎巴嫩中的作
用。今天，共济会作为黑人贵族及其美国       "贵族
"的仆人的**阴**谋正在顺利进行。正如我在20年前预测的
那样，钢铁、造船、机床和制鞋业都被摧毁了；同样
的事情也在欧洲发生。

至于全球2000年报告，由于拒绝向非洲饥饿的国家提
供食物，数百万非洲黑人已经死亡。数以千计的人也
死于艾滋病毒/艾滋病。由大撒旦、共济会的伯特兰-
罗素和            "奇爱博士          "利奥-
斯齐拉德及其崇拜魔鬼的沙克蒂-
伊什塔尔邪教组织宣布的有限战争正在伊朗、中美洲
、南非、中东和菲律宾等地进行，是可取和必要的。

我的答案是，基督教**圣**经说，"上帝看着他们（前亚当
人），见他们没有兴旺"。上帝派我们来帮助这些人完
成他们在地球上的功能，不管那是什么，我不知道那
是什**么**，**但不是要**谋杀他们。斯齐拉德和他的朋友伯
特兰-罗素（Bertrand
Russell）感叹战争没有摆脱足够的人，正如罗素在其1
923年出版的《工业文明的前景》一书中所描述的那样

，这是该书的节录。

> 社会主义，特别是国际社会主义，只有在人口静止或几乎静止的情况下才可能成为一个稳定的体系。缓慢的增长可以通过改进农业方法来处理，但快速增长最终必须减少整个人口。

罗素的错误观念是基于撒旦式的马尔萨斯原则，而这些原则又是基于对民族国家、共和主义和在传统商业基础上运作的工业资本化国家的憎恶。1951年，罗素写了《科学对社会的影响》，以下是这本书所主张的一些最重要的观点。

> 迄今为止，战争在这方面令人失望（即减少人口），但也许细菌战可能证明更有效。如果黑死病（中世纪的瘟疫和艾滋病毒）能在一代人中传播一次，幸存者就可以自由地生育，而不会使世界变得太满。这种状况可能是不愉快的，但这又如何呢？最高等级的人对幸福漠不**关心**，**特**别是对他人的幸福漠不关心。

罗素自诩为和平缔造者，是共济会的假先知，也是CND（核裁军运动）的领导人。

他是东方当权派耶稣会、共济会、玫瑰十字会和美国黑人贵族成员的先知之声。这些自封的世界领导人变得如此傲慢，以至于有时他们无法闭上嘴巴。注意这里提到了中世纪席卷全球的黑死病。

瘟疫不是
"上帝的行为"，因为上帝当然不是凶手，尽管我们经常把人们的死亡归咎于他，但在我看来，根据30年的研究，这是今天的 "奥林匹克 "的前身，"300俱乐部

"的故意行为。这并不是一个牵强的理论。

诚然，我还没有证明这一点，但有太多的线索和风中的稻草让人无法忽视。正如电影《奇爱博士》中的利奥-
斯齐拉德博士被描绘成虚构的一样，目前由阴谋家掌握并在电影《仙女座》中被描绘的致命病毒在该影片中也被描绘成虚构的。但这不是虚构。不要忽视炼金术士和黑暗贵族自14
世纪以来一直在进行医学实验的事实。

目前，奇迹药物肌苷对其完全无效的致命病毒被储存在CDC，处于最高安全级别。与官方版本相反，并非所有这些病毒都被焚烧了。

这应该让你相信，我的预测不是空穴来风。在21
世纪，我们将看到更多的                    "黑色瘟疫"--
我们不知道该如何称呼的新的和奇怪的瘟疫，以及新的和更致命的霍乱、疟疾和肺结核菌株。不要说我们没有被警告过，大流行病将降临地球并带走数百万人。毕竟，"300
"的目标已经明确提出。我们只需回顾罗马俱乐部创始人奥雷利奥-佩切伊的话，他在1969年说。

        "人是世界的癌症"。

# 第十九章

## 共济会与基督教兼容吗？

几个世纪以来，共济会一直试图使该运动看起来与基督教完全兼容。"没有什**么可以阻止共**济会员成为基督徒
"是共济会最古老的声明之一。在这本书中，我将试图将我所说的新约基督教与它最可怕的敌人--
共济会进行比较。我能够收集到的证据主要来自共济会员和前共济会员的亲属，他们在不透露身份的前提下与我交谈。那些违背共济会保密誓言的人知道，在大多数情况下，这种违法行为的最终惩罚是死亡。

支持和反对共济会的书籍数以千计。天主教会在反对共济会方面一直是坚定而坚决的。不幸的是，新教教会并没有像他们应该的那样团结起来对付这个危险的敌人。我将在此谈谈最近对泥瓦匠的调查。1952年，我看到一本非常有趣的书，名为《黑暗可见》，作者沃尔顿-汉纳。

这本书对任何寻求刺破保护了这么多世纪的共济会的秘密面纱的人来说都是非常宝贵的。同一作者沃尔顿-汉纳后来发表了一篇题为《基督徒应该是共济会员吗？"基督教内的一位共济会员，R.C.
Meredith牧师，接受了这个对共济会秘密的挑战。梅雷迪思牧师非常大胆地挑战教会，要求证明共济会员

也可以是基督徒。

在牛津大学学习的梅雷迪思活跃在左派圈子里，并参加了在1930年代非常流行的各**种支持左派的**辩论。这是英国历史上的一个时期，当时做一个社会主义者是很别致的，费边社会主义如火如荼，为苏联工作是很时髦的，也是这个时期给了我们布威尔、莱顿、阿尔弗雷德-米尔纳和金-
菲尔比。米尔纳集团最终演变成了现在的皇家国际事务研究所（RIIA）。

梅雷迪思牧师大胆地提议对共济会展开调查。他向1951年教会大会提出的建议如下。

> 鉴于沃尔顿-
> 汉纳的文章得到了广泛的宣传，有必要任命一个委员会，其成员包括在比较宗教科学方面有能力的人，以审查汉纳先生在该文章中的陈述，主教院应注意其中所阐述的一切内容。

非常有趣的是，梅雷迪思把共济会作为一种宗教，甚至间接地提到了共济会。梅雷迪思非常确信他的决议会获得通过，而且共济会将被英国圣公会等级制度中的数百名在教会中担任要职的共济会员所清除，因此他甚至懒得对拟议的调查施加限制。这是很不寻常的。当共济会允许教会调查他们的秘密社团时，通常都有最严格的限制，因此调查的结果是一个定论：共济会和基督教会**确**实是相容的。自1952年沃尔顿-
汉纳的书出版以来，在英国圣公会的各次大会上，人们对共济会誓言的真实性质、作为共济会的一个组成部分的保密需要、共济会的真正作用及其一般和秘密活动的范围越来越关注。那些试图打破共济会强加的**沉默之**锁并揭示其黑暗秘密的人经常引用鲁登道夫将军的话。最近，共济会被描述为一种　　"黑手党　"或"任何在商业或政府中取得快速进步的唯一途径"。

当在这个方向上取得真正的进展时，也就是说，当教会的调查似乎是成功的，新闻界的豺狼们就喊着"猎巫"。谈论共济会的真面目，撕下共济会良性面孔的面具，成了一件危险的事。共济会总是以"只是它所做的好事的数百万个坏例子中的一个"为借口回应虐待指控。

共济会的黑手党和阴险面从未被公开讨论过，这就是为什么共济会对梅雷迪斯的决议如此大胆；它知道它会通过--而且它**确**实通过了。斯蒂芬-奈特1984年出版的《兄弟会；共济会的秘密世界》一书，立即遭到了这种反应。评论家、文学家和宗教人士称这本优秀的书"研究不足，充满了未经证实的数据"。

试图描述泥瓦匠是一项乏味的工作。它可以说是世界上最大的兄弟会，仅在美国就有近350万名非官方成员。自1717年共济会首次公开展示自己以来，已经有超过50,000本**关于**该主题的书籍和短篇作品。

它比世界上任何其他世俗组织产生了更多的仇恨。信奉摩门教和天主教的男子不能加入。它在一些国家是被禁止的。共济会被希特勒和墨索里尼以及后来被佛朗哥将军宣布为非法。伦敦的大都会等级制度本质上是共济会。

在共济会员中，有许多国王和权贵：爱德华七世、爱德华八世、腓特烈大帝、挪威国王哈康和波兰国王斯坦尼斯劳斯就是我想到的几个例子。

宣读共济会誓词的美国总统有：。James Monroe, Andrew Jackson, James K.波尔克，詹姆斯-布坎南，安德鲁-约翰逊，詹姆斯-A.加菲尔德，西奥多-罗斯福，威廉-霍华德-塔夫脱，沃伦-C.哈定、富兰克林-D-罗斯福、哈里-S-杜鲁门、林登-约翰逊、杰拉尔德-福特和罗纳德-里根。

音乐领域的共济会员包括 "圣路易斯蓝调"的作曲家威廉-汉迪、约翰-菲利普-索萨、吉尔伯特和沙利文、西贝柳斯和沃尔夫冈-阿玛迪斯-莫扎特，后者因在《魔笛》中泄露共济会的秘密而被谋杀。

对奈特的书提出批评的人中没有一个人指出，共济会从未证实有关其黑暗面、恶行以及对历史进程的影响的数据。马志尼有时似乎证实了共济会在国际地缘政治中的一些罪恶和不端行为，但只是在历史背景下，在已经知道的数据中；总是暗指共济会对这些事件的影响，**但从未以严格的科学方式证实其作用。**

为了诋毁奈特声称的在政府和大都会警察局的上层，特别是在刑事调查部（CID）的不当影响，**以及她声**称90%以上的侦探是共济会员的说法，英格兰大议会选择了苏格兰仪式的最高级官员之一，海尔森勋爵，来驳斥奈特完全正确的指控。英国大法官利用其办公室的权力和威严，给《伦敦时报》写了一封信，讥讽

和贬低奈特的演讲。海尔森的赞助办公室挤满了
"受宠的共济会会员"。由于像海尔森这样庄重的人给
《泰晤士报》这个古老的机构写信，公众接受了海尔
森代表共济会的否认是正确的，骑士是错误的。奈特
有理有据的指责被有效驳斥。共济会正是通过这种不
太隐蔽的手段来保护自己的。说奈特没有提出证实的
数据，因此可以忽略，这证明了共济会的力量和普遍
性。这同样适用于美利坚合众国，也适用于意大利、
法国和德国。

共济会以罗杰-霍利斯（Roger
Hollis）的案例作为奈特不准确的证据，指出霍利斯是
第二次世界大战期间军情五处的负责人，是一名共济
会员。霍利斯确实是一名共济会员，他向苏联提供了
重要的军事机密。他是共济会精心策划的企图压制另
一位优秀作者彼得-
赖特的作品出版的对象，他的书揭露了罗杰-
霍利斯的**两面性**。

霍利斯是一个将美国和英国的军事机密传递给苏联的
人，而且他在一生中的大部分时间里都是共济会员。
我只能简单地提到这个人以及他对美国和英国的背叛
，对苏联的背叛。

由于不能通过给《泰晤士报》的信件来抹杀赖特的信
誉，SIS的                    "詹姆斯-邦德
"团队试图让他永远沉默下去。赖特逃到了澳大利亚，
在那里他得到了高层人士的保护。赖特尽其所能让他
对罗杰-
霍利斯的**揭露在澳大利**亚出版，但苏格兰共济会的长
臂来自英国，通过最可疑和迂回的推理，英国总检察

长前往澳大利亚，在澳大利亚法院争论反对该书的出版。虽然共济会否认这一点，并列举了缺乏文件证据来支持其否认，但我在英国特勤局最可靠的消息来源告诉我，英国和澳大利亚的共济会联合起来，共同阻止莱特。该书将在加拿大印刷，几个月后在澳大利亚印刷。这一次，共济会未能阻止真相大白。

与此同时，在伦敦，有三家报纸不顾英国的审查制度，**开始出版**赖特的书的摘录。英国的新闻审查制度是通过所谓的 "D通告"非常有效地执行的。如果内政部长认为某本书、故事或文章有损于国家或不符合国家利益，就会向出版商、杂志编辑、报纸等发出"D通知"，阻止他们发表有关的故事。如果不遵守"D通知"，总检察长有权起诉违法者，法院通常会给予严厉处罚。

这就是在英国受到保护的 "言论自由 "和 "新闻自由"权利。三家伦敦报纸因不服从他们收到的禁止他们发表赖特作品的 "D通知"而被起诉。总检察长将他们行使 "新闻自由"权利的行为描述为故意和公然违反法律。所有反对莱特的人都是最高级别的共济会员，他们试图保护一个已故的33级共济会员，使其不至于完全暴露。"记录不全，缺乏**确**认的数据？"这是可能的，但实际的事件，然后成为历史，很少，如果有的话，可以被 "证实"。

我们都知道约翰-肯尼迪遇刺的真相，以及他的兄弟爱德华在查帕基迪克的行为。但

"**确认的数据**"？他们被锁在法律文件和法庭记录中，在接下来的99年里都是如此!这就是实权派的运作方式！。共济会也不例外。他们保护自己的人!

以伦敦市警察局长詹姆斯-佩奇为例。共济会声称，他的快速晋升不可能是由于共济会的赞助，因为他们说，他只是在成为专员之后才加入了这个秘密的兄弟会。当然，小屋的秘密仍然是小屋的秘密。谁能说佩奇在还是一个年轻警察的时候就加入了共济会？只有 "名誉扫地"的前共济会员，他们当然被认为是骗子或更坏的人!似乎佩奇，如果先例可信的话，在他成为警察局长之前很久就已经是该俱乐部的成员了。

然后是政府在世界金融中心--伦敦金融城的永久代理人的情况。骑士和其他人，包括我自己，都很清楚，其最有影**响力的成**员是主要的共济会员。然而，当奈特敢于说出这些人的名字时，他却被官方否认了，不是说他们不是共济会员，而是说他们在奈特提到的日期没有参加市政厅的会议。

由于他们的地位很高，人们相信共济会而不是奈特，奈特随后被指控"严重不准确"。我在提供 "文件证据和 "**确认数据**"的问题上扯开了话题，面对身居要职和影响力巨大的共济会成员，他们在受到攻击时闭门不出。事实的不**准确性** "是市政厅的成员对奈特先生关于共济会兄弟会如何控制伦敦市--以及威斯敏斯特--的演讲的反应。

骑士提供了一个令人信服的解释，说明世界各地英国分会的共济会记录是如何被 "封存"以防止调查者的。在罗杰-霍利斯的案例中，远东共济会的记录对奈特和莱特都是封闭的，共济会否认霍利斯曾经是共济会成员就足以让两位作者因 "缺乏**确**认的数据"而名誉扫地。毕竟，公众倾向于相信肯特公爵爱德华而不是相对不知名的作者。如果共济会能够废黜爱德华七世并将他的垮台归咎于瓦利斯-辛普森夫人，那么给两位优秀作家的作品贴上 "与事实不符、缺乏确认数据"的标签就相对容易。

**另一个非常好的揭露共**济会的文章是沃尔顿-汉纳（Walton Hannah）撰写并出版的**揭露性文章《黑暗可见》**（*Darkness Visible*），它不仅受到英国圣公会等级制度下的共济会领导成员的非常严厉的攻击，而且还受到所谓的文学评论家和自称 "专家"的攻击，在那里为共济会辩护。对共济会使用的入会文本和仪式的出处进行任何调查，本身就是一项毕生的工作，即使如此，可能也会被团结而紧密的共济会兄弟会贴上 "缺乏**确**认数据"的标签，以反对任何可能损害其形象的披露。

在过去的三十年里，我对共济会的广泛研究让我了解了许多关于 "兄弟会"的事情，最值得注意的是，即使是完整记录入会誓言、文本和入会仪式也需要几个真正被认可的比较宗教专家的共同努力。因此，由于如此庞大的事业本身的性质，共济会总是能够继续将自己笼罩在难以穿透的秘密之中。

要对这个险恶的兄弟会立案是非常困难的。许多人都尝试过，取得了不同程度的成功，但总的来说，可以说尽管有几十本出色的书揭露了共济会的真面目，但共济会还是相对来说没有受到伤害。

如果进行民意调查，而不是这些出于政治动机、专业制造的、让政客当选的民意调查，我有理由相信，70%的公**众会**说，共济会是一个有爱心的社会，为社会做了很多好事！这就是我的看法。

在1951年英国**圣公会大会的一次**辩论中，很明显，共济会所做的 "仁慈 "和 "慈善 "工作在人们对共济会的印象中仍然是最重要的。有许多书指出，"慈善工作"，如为各种慈善机构进行街头募捐，实际上根本不是慈善，因为捐钱的是公众而不是共济会。如果共济会会所公开和定期向慈善机构提供大量资金，他们的仁慈面孔可能就不会是真正的面具。诚然，大多数知情的公众成员从来没有问过 "为什么我们允许这样一个秘密的社会在我们中间运作，在其封闭的门背后发生了什么？ ".

不可能是这样的，因为丈夫去参加聚会的女士怎么可能知道共济会的严格保密法、工艺学位和皇家拱门的情况，更不用说默示录的政策了。如果她有一颗好奇心，问一些探究性的问题，她的丈夫只会告诉她奢华的宴会和慈善募捐活动，但更多的是，她什么也学不到。难怪公众的看法与共济会的真实情况相去甚远！

# 第二十章

## 自由职业者何时、何地、如何产生的？

**关于共**济会的文献充斥着大多数公共图书馆的书架，只是那些不自觉地接近真相的作者的作品却没有。如果问图书管理员，答案从　　"我们从来没有过　"到"前段时间被收回了"不等。

有许多书声称要证明　　　　　　　　　　　　"现代"共济会、所罗门王和德鲁伊人之间没有联系。这些**"关于共**济会的专业技术书籍"，正如一位图书管理员向我描述的那样，总是给共济会和古埃及的伊希斯、狄奥尼索斯等崇拜之间的联系蒙上一层阴影。

即使是沃尔顿-
汉娜，作为一个科学家也不愿意做出全面承诺。汉纳在其《基督徒的学位》一书中指出。

> 如果正如他们所做的那样，现代共济会员声称自己是古代奥秘的管家和监护人，他们是这些奥秘的合法继承人，那**么可以承**认的是，确实有惊人的相似之处，甚至在实际的标志和符号中也有相似之处。然而，象征主义是很难具体化和教条化的，共济会和今天的共济会奥秘与古代的奥秘和宗教有很大的相似之处，这些奥秘和宗教与共济会的奥秘有很多共同点，这一点并不引人注目。

图书馆里充满了试图否认共济会和玫瑰十字会之间联系的书籍，而认真研究共济会的人知道，这种联系是非常牢固的。罗杰-

贝索姆特爵士是埃及仪式的高级共济会会员，而且他肯定深入参与了神学和**玫瑰十字会的活动**，这是一个公认的事实。让我们以英国皇室为例。其许多成员，包括查尔斯王子和肯特公爵，都参与了玫瑰十字会的活动。没有人否认两人都是共济会员。共济会从未对以下三个问题给出适当的答案：共济会起源于哪里、为什么、什么时候、在哪里？共济会一直断然否认他们是为了对抗基督教而创建的，并否认它不是一种宗教，但他们的否认已经很勉强，我们将开始看到。

约翰-哈米尔（John Hamill），共济会的辩护大师，大联盟图书馆和博物馆的图书馆员和馆长，指出。

现代旅馆与17_00世纪时的旅馆非常相似。

他对共济会历史的看法如下。

英格兰大旅店成立于1717年6月24日，一个敌对的长老大旅店于1751年正式成立；这两个敌对的大旅店于1713年12月27日联合起来，形成了我们今天所知的英格兰联合大旅店。

但哈米尔并没有告诉我们为什么需要一个秘密社团。

❖     **什么是共济会？**
❖     为什么男人们都想接近她？
❖     这个组织的真正性质是什么，如果他们加入，就必须接受其义务？

尽管有数以千计的书籍告诉我们什么是共济会，但仍有许多关于它的情况我们并不完全了解。19世纪50年代初，英国大联盟出版了一本题为
"**每个候**选人应该知道什么 "的小册子，其中说到。

> 共济会是一个由历史上与中世纪的共济会有关的人组成的社会，他们的私人认可方式、仪式和许多习俗都来自于共济会。其成员不仅在他们之间，而且在与整个世界的**关系中**，**通**过仪式戒律和榜样，坚持兄弟之爱（马克思主义思想--
> JC）、救赎和真理的古老原则。

如果这能以真正有意义的方式解释什么，我承认它的真正含义我不知道。然而，图书管理员哈米尔确实试图给出一个更详细的 "解释"，他说。

> 入会候选人在其共济会生涯中很早就了解到，共济会的基本原则是兄弟之爱、互助和真理。

然后，他试图将马克思主义等同于兄弟之爱，他说："我不知道。

> 兄弟之爱是指促进宽容和尊重他人的信仰和理想，并建立一个尊重宽容与善良和理解的世界。关怀，不是指只给钱或仅限于钱，而是指最广泛意义上的慈善捐款（但绝不是他们的--
> JC）的时间和努力来帮助整个社区。真理是指努力追求高的道德标准，以尽可能诚实的方式进行自己的生活--
> 在所有方面。简单地说，一个共济会员被教导他对他

的上帝（**哪个上帝没有具体**说明--
JC）和他的国家的法律的责任。

对共济会是什么的如此荒谬的解释，不幸的是，大多数普通民**众都相信。当人们**指出这个由所谓高尚的人组成的机构的最明显的例外情况时，例如它的一些最高信徒的道德，它的慈善捐款不是来自共济会而是来自公共捐款，它无视国家的法律，即法国和布尔什维克革命，人们会得到断然的否认，或者像罗伯托-**卡尔维**的情况那样，这是一个
"明显的例外"，可能在一个世纪内发生一次！在这种情况下，人们会发现，这是不可能的。所有共济会的发言人都否认这个秘密社团是一种宗教。1985年，联合大旅社总务委员会出版了一本名为《*共济会与宗教*》*的*小册子。

在其他的否定中，委员会表示如下：

> 共济会不是宗教，也不是宗教的替代物。共济会不具备宗教的基本要素，但它远非对宗教漠不关心。

> 在不干**涉宗教**实践的情况下，它希望每个成员都能遵循自己的信仰，并将对其上帝的责任，无论其名称如何，置于所有其他责任之上。因此，共济会是宗教的支持者。

大联盟的一个工作组进一步指出。

> 共济会知道其仪式不等同于宗教的实践。

很难想象一个更大胆、更无耻的谎言。共济会不仅是**一种宗教，而且首先是一种反基督教的宗教，旨在摧**

毁基督教。

❖ 当共济会的仪式以祭坛、庙宇和牧师为中心和基础时，它如何能证明自己是一个非宗教的说法？
❖ 为什么要背诵祈祷文，比如共济会文献中明确指出的祈祷文，要在第一级效法仪式中进行？

让我们来看看这个 "非宗教 "的祷告。

> 请授予您的帮助。全能的天父和宇宙的最高统治者，请赐予我们本次大会，并允许这位共济会的候选人将他的生命奉献给你，以便成为我们中真正忠诚的兄弟。请赐予他您神圣智慧的技巧，使他在我们共济会艺术的秘密（强调）的帮助下，能够更好地展示真正善良的美，为您的圣名带来荣誉和荣耀。

如果这不是宗教，那么这个世界上就没有什么是宗教了。要回答的问题是 "共济会是什么样的宗教？ ".

在第二学位中，有一个真正的祈祷，其表述是这样的。

> 慈悲的主啊，**我**们恳求你继续帮助我们和那些跪在你面前的人。愿以**你的名**义开始的工作继续下去，以获得**你的荣耀**，**并通**过顺从你的戒律在我们身上更加牢固地建立起来。

共济会员所祈祷的上帝是撒旦，这一事实被小心翼翼地隐藏起来，除了那些达到33级的共济会员， ！耶稣的名字总是被非常明确地排除在外。正如我们的主基督在他的福音书中所说。

不支持我的人就是反对我。

在第三学位中还有一个祈祷词，祈求上帝和天堂对新成员的祝福。

全能的、永恒的上帝，宇宙的建筑师和主宰，万物是由他的创造性意志创造出来的。

共济会非常谨慎，虽然大量使用了基督教的祈祷词，而且很容易被认可，但它严格避免了任何基督教的参考。通过这种将基督的名字排除在其 "祷告"之外的奇特行动，共济会否认了耶稣的存在和权威。如果像共济会声称的那样，它不是一种宗教，那就更好了；但为什么要抄袭基督教的祈祷词，而绝对地删除基督的名字？这种行为难道不表明共济会是反基督的吗？

我坚信，共济会代表着反基督的行为，此外，这也是对 "为什么"共济会首先被建立的问题的回答！我认为，共济会是反基督的。为了支持我关于共济会是反基督宗教的论断，我提供了皇家拱门祈祷的开幕式，内容如下。

全能的神，所有的心都向**你敞开，所有的愿望都**为你所知，没有秘密可言，请你用你圣灵的启示净化我们心中的想法，使我们可以完全爱你，赞美你。

**英国圣公会的任何成**员都会立即认出这完全是基督教的祈祷。这个特殊的 "共济会祷告"的意义在于，非常重要的 "通过我们的主耶稣基督"这句话被删除了。

基督说，那些否认他的人是反基督的。共济会将基督的名字从这个祷告中删除，表明他们对基督的蔑视。因此，他们应被算在撒旦的反基督势力中。

皇家拱门的闭幕式还利用了一个著名的基督教祈祷词，即
"**荣耀**归于最高的上帝，和平归于善良的人们"，但却没有提到这些话是取自我们主耶稣基督的福音。在我和许多认真研究共济会的学生心目中，上述宗教活动的例子否定了共济会不是宗教的说法，并向世界证明它是。

大联盟对我的挑战作出了回应，说。

> ......共济会既不是宗教，也不是宗教的替代品，没有理由在其仪式中提到基督的名字。

当然，对这一否认的回答是问另一个问题："如果**你所**说的是正确的，即共济会不是一种宗教，那么为什么**你从基督教圣**经中提取祈祷词，为什么你不断提到寺庙和祭坛，为什么在使用基督教圣经中的短语时，你否认耶稣基督的存在，在你从他那里复制的每个祈祷词中删除他的名字？"共济会的　　　　　　　　　"祈祷"经常基于基督教的礼仪，这一点是毫无疑问的。那么，为什么共济会否认它是一种宗教，为什么共济会竭力将基督的名字从它抄袭基督徒的祷告中删除？

祈祷是共济会仪式的一个组成部分，所以共济会怎么能否认它是一种宗教？共济会员声称他们的祷告不包含崇拜的成分。然而，仪式的负责人被称为
"尊贵的主人

"6 ，我让你来决定我所引用的共济会祈祷词是否不是崇拜的行为？除了 "爱丽丝梦游仙境"这个可能的例外，没有人能够相信共济会的祈祷有别于 "崇拜"。这提出了另一个重要的问题？

即使共济会坚持对 "祈祷"、"敬拜 "和 "非宗教"的这种区分可以被接受--
这显然是不能接受的，但故意省略他们的 "祈祷"所来自的基督和耶稣基督的福音书的名字，以及省略基督教的基本信仰，即除了通过我们的主耶稣基督，没有人能来到上帝面前，这是对基督教的侮辱。

他们否认基督的神性。这一点是毫无疑问的。那么，那些自称是基督徒的人怎么会是共济会员呢？基督说，"一个人不能侍奉两个主人"。共济会员接受共济会的仪式，其实也是在否认祂的存在。由此可见，一个人不可能在反对他的同时还支持他。

共济会绝对不可能否认它
"既不是宗教，也不是宗教的替代品"。相反的证据是压倒性的!共济会的捍卫者也不能提供证据，证明他们排除基督的名字就不是在拒绝他，因为这不仅仅是故意排除，而且是故意的不作为的侮辱。共济会的辩护士告诉我们，"我们的祈祷不是崇拜行为，而只是在我们的仪式开始时请求祝福，并在结束时对收到的祝福表示感谢"。这与宗教崇拜有什么不同？

显而易见的事实是，情况并非如此。共济会的仪式反复援引上帝的名字，通常是以独特的术语，如宇宙的

---

[6]Worshipful Master, NDT.

伟大建筑师（如第一级）；伟大的测量师（第二级）；至高无上、全能和永恒的上帝（第三级）；最高存在。GAOL）（宇宙的伟大建筑师）。这些神是谁？

共济会是否崇拜一个至高无上的存在，或者像它有时所说的那样，只是对一个至高无上的存在的信仰？如果没有神名的暗示，就不会有共济会的仪式。我上面提到的共济会小册子《宗教的共济会》由共济会总务委员会出版，它对共济会的上帝轻描淡写地说："共济会的上帝。

> 共济会员在共同尊重最高存在的情况下走到一起，因为对于他们各自的个别宗教来说，他仍然是最高的，共济会的作用不是将宗教联合起来。

由于西方世界是基督教，无论有些人喜欢与否，共济会在中立的跨宗教服务方面一定有很大的问题。作为基督徒，我们不能逃避我们宗教的本质，即基督作为神的儿子是最重要的。共济会声称，它不希望 "冒犯"其他宗教。如果它排除了基督的名字，它是如何做到这一点的呢？是否为了不触犯B'nai Brith（圣约之子）的犹太排他主义共济会而将他排除在外？数百年来，共济会一直试图不 "冒犯"其他宗教，但却毫不犹豫地冒犯基督徒，将基督的名字从其仪式祈祷中排除。

宗教间
"服务只有在基督教处于次要地位时才能成功。因此，基督徒不能成为共济会员；他们必须赞同基督教的贬值，或者他们必须退出共济会。在共济会员达到更高学位的崇高高度之前，许多人认为在祈祷时，他们是

在向他们的宗教的上帝祈祷。但是一旦他们到达共济会等级制度的
"封闭车间"，毫无疑问，他们的祈祷是明确针对撒旦的。

基督教没有秘密!任何识字的人都能读到弥赛亚来临的好消息的快乐福音。为什么共济会觉得保密是必要的？共济会的信条及其附带的仪式中充满了
"秘密密码"。

为什么会这样呢，除非是欺骗？所以我们经常听到
"**复合**词"，"我是和我将是"。

共济会说，它没有义务支持基督教。那么，如果不支持基督教，为什么共济会要借用基督教的许多标志？
**圣拱门**仪式，也许比任何其他仪式都更多地使用
"**圣言**"。**圣方舟**仪式的核心是基座--祭坛--
在其顶部出现
"**圣言**"。很明显，尽管它提出了相反的抗议，但在宣读圣言的时候，共济会是一种宗教。在这里，共济会是一个与基督教相对立的宗教，这是无可争议的。

让我们看看皇家拱门仪式，它是所谓的　"工艺共济会"的巅峰之作。

> 在未来的生存状态中，它与所有与我们最亲近的事物密切相**关**；**在它的所有**论述中，神圣的和人类的事务是如此可怕地和细微地交织在一起。它以美德为目的，以上帝的**荣耀**为目标，在其不可言喻的奥秘的每一部分、**每一点和每一封信中都考**虑到人的永恒福祉。只要说它是建立在神圣的名字上，J----

h，它从人类历史的一开始就是，现在是，并将永远是一个，存在必然存在于其自身的所有有效的完美，在其本质上是原始的。

这一最高学位以上帝的最高理念激励其成员，引导他们走向最纯粹和最虔诚的虔诚，崇敬不可理解的J----h，宇宙的永恒统治者，其所有原则的基本和原始的来源，其所有美德的起源和来源。

"神秘　　"词　　"J----h　　"是Jabulon，一个　　"神圣"的名字。它是一个可与耶和华互换的复合词。

毫无疑问，共济会是一种宗教，其主要功能是构成基督教的秘密对抗力量，是一种革命的秩序，能够控制政治事件。

# 第二十一章

## 共济会和英国皇室

除了上述，我们发现共济会有所谓的基督教学位，如君士坦丁的红十字会，玫瑰十字会，这在共济会的传说中非常重要。

要获得玫瑰十字会的等级（英国皇室成员都是玫瑰十字会的成员），必须是共济会古代接受仪式的十七个等级的成员。据说康诺特公爵和肯特公爵都是这两个组织的成员。康诺特公爵曾担任英格兰大公会的会长**达二十年之久**。**本**馆的其他皇室成员包括爱德华七世。

根据大秘书在1920年8月5日写的一封信，乔治一世[er]，美国革命时担任国王的乔治三世都属于英格兰大宪章的成员。根据上述信件，：

> ......**每一个**进入共济会的人，从一开始就被邀请不要批准任何可能破坏社会和平和良好秩序的行为。

当**你考**虑到谢尔本伯爵是大联盟的成员，他训练了丹东和马拉，然后将他们释放到法国，播种法国大革命的混乱时，这就令人惊讶了。作为大联盟的成员并没有拯救国王爱德华七世，当时他的共济会成员决定把他赶走，而不是冒险不在1939年与德国**开**战。我们再次注意到对宗教的强烈影射。总书记在1905年写道："
**每一个英国分会，在其祝圣的**时候，都是献给上帝和
他的服务；在宣布对最高存在的信仰之前，没有人可
以成为共济会员"。1938年，由于人们对其活动越来越
**关注**，共济会再次发起攻势。在这里，对至高无上的
信仰又是最重要的。

秘书长在其1938年的声明中指出。

> 圣经》在圣会里总是开放的。它被称为《圣法卷》。
> **每位候**选人都必须在这本书上签名，或在他的特定信
> 仰认为能赋予在这本书上所做的宣誓或承诺以神圣性
> 的那一卷上签名。

这意味着《圣经》可能不是唯一展示的
"圣书"。圣经有纯粹的装饰作用，是为低级别的成员
（第一至第四级）而存在的。正如所有认真研究共济
会的学生所知，秘密社团在17
世纪变得很时髦，就像在20世纪20年代末和30年代初
成为社会主义者的时尚一样。直到1747年4月，共济会
员仍然在城市的街道上游行，但根据大法师的命令，
他们转入地下。早在1698年，一**份**题为
"致伦敦市所有虔诚的人们
"的小册子就被传阅，敦促读者不要让它发生。

> ……注意不要让他们的秘密仪式和誓言抓住你们，并
> 注意不要让你们脱离虔诚，因为这个邪恶的教派是秘
> 密聚会的。的**确**，**人必**须在秘密的地方，用秘密的标
> 志聚会，小心翼翼，不让人看见，以完成上帝的工作
> 。

这本小册子提到了什么

"秘密"？他们当时和现在一样，用手势、握手和话语来证明成员资格。这些秘密标志据说来自中世纪的泥瓦匠，他们发誓绝不把自己的技术传给"外人"，并通过某些握手等方式被认定为工匠伙伴。**什么都没有改**变。尽管今天石匠不太可能是共济会的一部分，但他们的握手仍然是认可的主要标志。但今天的共济会不只如此；它是一个非常阴险的秘密社团，其成员通过最可怕的致命誓言来保证保密性。

很明显，没有一个基督教社会会通过威胁其成员在违反守则的情况下会有可怕的死亡来强加一个沉默的守则。共济会可能会欺骗低级别的成员，让他们相信它是基于基督教的，但在1723年，长老会的共济会牧师詹姆斯-安德森博士说。

> 因此，人们认为迫使他们（兄弟会的成员）遵守所有人都认可的宗教，把他们的特殊意见留给他们自己，是比较合适的做法。

1813年，大公会声明其立场如下。

> 无论一个人有什么样的宗教或崇拜方式，只要他相信**光荣的天地建筑**师，并履行道德的神圣职责，他就不会被排除在秩序之外。

因此，**一种全球性的宗教**观已经确立，它与基督教完全对立。

这个概念是反基督教的，因为它假定所有的宗教都可以归纳为一个伟大建筑师的整体概念。基督特别谴责了这种做法。

因此可以得出结论，共济会与基督教不相容，它确实是一个与基督教相悖的宗教。

1816年，共济会中所有可能存在的基督教都被删除了，以促进普世上帝的概念，允许所有宗教的人都参与到聚会的仪式中。詹姆斯-
安德森博士，我之前提到的长老会牧师，在英国进行了共济会仪式的 "重组"。

> 信仰上帝和宇宙及其**启示的意志**，将是加入的基本资格。

共济会表示，它从不邀请或招揽男人加入。在每个新入会的共济会*员都会收到的《会员指导信息》*这本小册子中，写道（第22页）。

> 不**适当地拉**拢候选人的问题已被多次提出，安理会认为就这一问题发表声明会有帮助。不反对（强调）对一个被认为适合加入共济会的人采取措辞中立的方式。不反对他被叫回来，一旦采取了这种做法（强调）。

因此，共济会不仅招揽新会员，而且一旦接触到他们，他们就会被 "召回"。这本小册子继续说。

> 然后应该让潜在的候选人自己做出决定，而不需要进**一步征求意**见。

这个关于招收新会员的建议最初是由总务委员会于1981年12月9日通过的。因此，当入会的候选人表示他是自愿加入的，这并不总是真实的。一旦入会，勤奋的共济会员有可能从学徒上升到第三级 "共济大师"。

这些人被仔细监视，作为可能的候选人，以获得更高的秘密，那里有**关于共**济会的真正真相。但绝大多数的共济会员从未                              "提升"到第三或第四级以上。前三个等级当然代表了共济会的大部分成员。所谓的高级学位也被称为"额外学位"，从秘密大师到大监察长，在英国，他们由自己的最高委员会控制，居住在伦敦圣詹姆斯公爵街（这是英国女王拥有的众多 "恩惠 "房屋之一）。

这些学位的启动对最高委员会选定的共济会大师开放。这些共济会大师通常在早期阶段就被秘密大师 "发现 "了，他为此                              "隐姓埋名 "出席各**种共**济会会议。只有极少数超过三级的共济会员能够达到18的中级学位，即鹈鹕和鹰骑士，以及主权王子玫瑰十字勋章。随着这几个人走得更远，辍学的人数也在增加。

31度（大检查官指挥官）仅限于400名成员。在这个层面上，共济会的真实特征就暴露了三分之二。32度的皇家秘密崇高王子只有180名成员，而33度的大监察长，即卓越的大监察长，只限于75名成员。当然，这些数字只适用于英国。当一个共济会员达到33级，他已经准备好履行任何可能被命令的职责。

战争和革命只是游戏的一部分。反对上帝的战争   "和 "反对基督教的战争                    "是33名度共济会员在秘密聚会时最喜欢的两种呼声。4 至 14度是在为此目的而举行的特别仪式上一次性授予的，而且只是名义上的。

18　　　　　度、19　　　　　和29　　　　　　是在30度的**启蒙**场所给予的。这是为了迫使入选者继续"进步"。30 度是当选卡多什大骑士或黑白鹰骑士。

从31起的三个学位是单独授予的。共济会必须确保候选人已经准备好向他以前不知道的规模迈进!

# 第二十二章

## 无害化砖石

没有最高委员会的一致同意，任何共济会员都不能超过18　　　　　　　度。第一、第二和第三级可称为"无害的共济会"，因为身体和精神上的过度行为、反对政府的阴谋、对基督和基督教的仇恨从未向25级以下的共济会成员透露，　。不足为奇的是，三级共济会和一般公**众将我**们社会的这个最秘密的机构视为一个单纯的慈善机构，致力于为全人类谋福利。

大多数共济会成员懒得去了解古代和公认仪式的所谓"更高一级
"是怎**么**回事。**如果他**们这样做或有能力这样做，他们很可能会**惊恐地退缩**，尤其是基督徒，并放弃他们的共济会会员资格。有两个发现共济会真相并离开共济会的人的例子，以及他们对自己所参与的事情的焦虑反应，可以在他们从共济会放逐后写给各自教会的信中找到。当然，由于担心报复，他们的身份不能被披露。

长期以来，作为一个基督徒，我总是强烈地维护共济会，认为我可以将它的哲学和戒律（据说是基于道德和慈善的教导）与基督教相调和。但在我被提升到最高学位之后，我看到自己是多**么的**盲目，而敌人在蒙蔽的过程中是如何有效地使用他的武器--

微妙和理智。正是在更高的学位中，我发现了共济会的真正罪恶和恐怖。

**神的灵打开了我的灵眼**，让我看清了自己的行为。我被邪恶所束缚，而我没有意识到这一点。在睡梦中和祈祷时不被　　　　　　　"淫秽的性图像深深干扰"是世界上最困难的事情。他的潜意识中深深浸透了嗜血和谋杀我的家人和亲人的感情。

该男子是一个稳定、成熟和平衡的人，没有任何精神障碍或性反常的历史（专家医学意见）。他感到受到了威胁，接受了治疗，在治疗过程中，他发现性图像、血液和刀子与共济会的象征密切相关，他被诱惑杀死家庭成员的血液和刀子与共济会的誓言有关。经过强化治疗和合格的英国圣公会牧师的按手以及以耶稣的名义进行的劝告，他一离开共济会，那些令人不安的图像就消失了，而且这些图像和感觉再也没有出现过了。

共济会的誓言被非常小心地隐藏起来，不让　　　"外人"知道。近年来，共济会更加谨慎地将其对违反誓言的致命惩罚隐藏起来。在第一等级中，适用以下规则：义务。省略了体罚。换句话说，现在没有关于体罚的书面制裁。它们现在被委托给高级学位的执行，从(18 Degree)。但我至少发现了　　　　　　　　　"体罚"的书面威胁的一部分，其描述如下。

我的兄弟，由于**你今晚温和坦率的行为**，你象征性地躲过了两个巨大的危险，但还有第三个危险，传统上它会等待**你**，**直到你存在的最后一段**时间。你所逃避的危险是那些S和S的危险。还有那个在你的N字周围**运行的**ct，这将使任何试图撤退的行为都是致命的。

母庸置疑，"with a running N "这句话意味着绞刑，正如罗伯托-卡尔维发现得太晚。句子总是以这种方式描述。在另一份打印稿中，我发现了以下内容。

> 如果他不**适当地泄露了委托**给他的秘密，这意味着作为一个有荣誉感的人，FCFM**宁愿**拥有Iblo, the thtt and the gttrbs of ta or d bts or tap的象征性惩罚（现在隐藏得很好），在这个学位中的义务。

(除了33个 Degree Mason，没有人知道这些符号的含义）。人们只能想象这些信中描述的惩罚。我遇到的对违反共济会誓言的最可怕的惩罚之一是这样的。

> 我庄严地发誓遵守所有这些要点，不反悔，不含糊，不做任何形式的心理保留，如果违反其中任何一条，将受到不小的惩罚，把你切成两段，把你的内脏化为灰**烬。并将**这些骨灰撒在地球上，被天上的四面风吹走，以便在人类中，特别是在共济会会长中，找不到如此卑劣的人的痕迹或记忆。

当一位尊贵的主人被提升和安置时，他被警告说如果他违背了他的誓约和誓言，肯定会有惩罚。

> **把你的右手砍下来，放在你的左肩上**，让它枯萎和腐烂。

在共济会皇家拱门的升天仪式中，明确警告入门者，该义务所附带的惩罚是 "承受被撕掉头颅的生命损失"。今天，这种直接的声

明并没有出现。相反，惩罚与符号和字母相联系。这只发生在1979年，当时大法师宣布以目前的形式表达惩罚不再

"**合适**"。**关**键是惩罚措施没有改变!变化的是，它们现在被隐藏起来，不为外人所知。

成千上万的书籍，包括正反两方面的，都试图回答这个问题。作为一个对共济会有三十年广泛研究的严肃学生，我的回答是，共济会可以用以下术语来描述。

❖ 这无疑是一个封闭的秘密社会，由于未知的原因，它被允许在一个自由和开放的社会，如西方基督教民主国家中**运作**。

❖ 共济会很明显是一种基于古代邪教和撒旦崇拜的宗教。它是反基督和反基督教的，长期以来一直致力于铲除基督教信仰，尽管这一目标被小心翼翼地掩盖在其大多数成员，特别是前三个等级的成员面前。

❖ 它的性质和目标都是革命性的。众所周知，共济会至少在法国大革命的计划阶段负有责任。

❖ 共济会代表着对现有事物秩序的推翻，以及对除**一种宗教之外的所有宗教的推翻**。

❖ 共济会要求绝对服从其誓言。

❖ 违背保密誓言或 "背叛"共济会秘密的惩罚是严厉的，在极端情况下可以包括绞死。其他不太严重的身体惩罚也经常发生在那些违背誓言的人身上。

❖ 共济会虽然声称遵守其所在国家的法律，但却默默地努力改变它认为不受欢迎的法律。

❖ 共济会员出现在各国政府的最高权力席位上，也出现在私人部门、企业和商业领域。因此，共济会是**一种不受**约束的力量，挥舞着巨大的力量，可以而

且已经改变了历史的进程。

❖　　共济会是一个道德、伦理和慈善的社会，只到第三级为止。绝大多数共济会员从未超过第三级，因此不了解共济会的真正性质、目的和目标。

❖　　共济会是一个在官方选举的政府内运作的政府，对后者不利。

❖　　共济会的慈善方面是一个面具，没有可信度，近乎于欺骗。它是共济会真正目标的一个面具和掩护。

❖　　共济会对基督教的事业造成了巨大的伤害，自法国大革命爆发以来，在战争和革命中损失了数百万人的生命。

❖　　最后的测试是它是否与基督教兼容？

❖　　基督徒也能成为共济会员吗？

对于这两个问题，答案是一个响亮的否定。我收到的说法是，华盛顿特区有许多共济会的建筑，作为公共或政府建筑而建，其规划是五角星的形状。很难证明或反驳其中一些说法，但有一座建筑似乎符合共济会的说法，那就是五角大楼。五角形是一个神秘的符号。该建筑是由约翰-怀特塞德-**帕森斯**设计的，他是一个公开的撒旦教徒。建筑师是乔治-贝格斯特伦，但不知道他是否与共济会有任何联系。

共济会的真正秘密可能永远不会透露给人类，因此，在研究像共济会这样复杂的主题时，作者很难逃避批评。但这并不意味着人们不应该尝试。

如果我的任何陈述是错误的，我表示歉意，因为这些陈述不是本着盲目滋事的精神写的，我希望比我更有资格的共济会员会指出这些问题，以便予以纠正。

# 已经出版

**阴谋家的等级制度 300人委员会的历史**
作者：约翰-科尔曼
这个反对上帝和人类的公开阴谋包括对大多数人类的奴役

**撒谎的外交**
英国和美国政府的背叛行为记述
作者：约翰-科尔曼
联合国的创建历史是一个通过谎言进行外交的典型案例

**罗思柴尔德王朝**
作者：约翰-科尔曼
历史事件往往是由一只 "隐藏的手 "造成的。

www.ingramcontent.com/pod-product-compliance
Lightning Source LLC
Chambersburg PA
CBHW070249290326
41930CB00041B/2392